Discovery EDUCATION

맛있는 과학

디스커버리 에듀케이션
맛있는 과학 — 08 산·염기·지시약

1판 1쇄 발행 | 2011. 11. 4.
1판 5쇄 발행 | 2018. 3. 11.

발행처 김영사
발행인 고세규
등록번호 제 406-2003-036호
등록일자 1979. 5. 17.
주　　소 경기도 파주시 문발로 197(우:10881)
전　　화 마케팅부 031-955-3102 편집부 031-955-3113~20
팩　　스 031-955-3111

Photo copyright ⓒDiscovery Education, 2011
Korean copyright ⓒGimm-Young Publishers, Inc., Discovery Education Korea Funnybooks, 2012

값은 표지에 있습니다.
ISBN 978-89-349-5262-6 64400
ISBN 978-89-349-5254-1 (세트)

좋은 독자가 좋은 책을 만듭니다. 김영사는 독자 여러분의 의견에 항상 귀 기울이고 있습니다.
독자의견전화 031-955-3139 | 전자우편 book@gimmyoung.com | 홈페이지 www.gimmyoungjr.com
어린이들의 책놀이터 cafe.naver.com/gimmyoungjr | 드림365 cafe.naver.com/dreem365

어린이제품 안전특별법에 의한 표시사항
제품명 도서　제조년월일 2017년 9월 22일　제조사명 김영사　주소 10881 경기도 파주시 문발로 197
전화번호 031-955-3100　제조국명 대한민국　⚠주의 책 모서리에 찍히거나 책장에 베이지 않게 조심하세요.

최고의 어린이 과학 콘텐츠
디스커버리 에듀케이션 정식 계약판!

Discovery EDUCATION

맛있는 과학

8 | 산·염기·지시약

심영미 글 | 김재희 그림 | 류지윤 외 감수

주니어김영사

 차례

1. 산

산이란 무엇일까요? 8
- TIP 요건 몰랐지? 금은 산에 녹을까요? 13
- TIP 요건 몰랐지? 전류를 흐르게 하는 물질 14

산의 종류 15
- TIP 요건 몰랐지? 아스피린에서 신맛이 나요 21

우리 주변에 있는 산 22
- TIP 요건 몰랐지? 레몬즙으로 비밀 편지 쓰기 25
- Q&A 꼭 알고 넘어가자! 26

2. 염기

염기란 무엇일까요? 30
- TIP 요건 몰랐지? 알칼리 32

염기의 종류 33
- TIP 요건 몰랐지? 샴푸 37

우리 주변에 있는 염기 38
- TIP 요건 몰랐지? 소다의 발견 45
- Q&A 꼭 알고 넘어가자! 46

3. pH

pH란 무엇일까요? 50

pH 측정하기 52
　　TIP 요건 몰랐지? 리트머스시험지 55

주변 물질들의 pH값 56
　　TIP 요건 몰랐지? 소의 트림이 지구온난화를 일으켜요 59
　　Q&A 꼭 알고 넘어가자! 60

4. 지시약

지시약이란 무엇일까요? 64
　　TIP 요건 몰랐지? 암모니아 분수 실험 66

지시약의 종류 67
　　TIP 요건 몰랐지? 장미가 붉은 이유 70

지시약을 직접 만들기 71
　　TIP 요건 몰랐지? 지시약으로 부리는 마술 73
　　Q&A 꼭 알고 넘어가자! 74

5. 중화반응

중화반응이란 무엇일까요? 78
　　TIP 요건 몰랐지? 용액의 색이 변한 이유 81

중화점을 찾는 방법 82
　　TIP 요건 몰랐지? BTB 용액 86
　　TIP 요건 몰랐지? 중화열 87

일상생활의 중화반응 88
　　TIP 요건 몰랐지? 중화반응을 이용해 만드는 간장 93
　　Q&A 꼭 알고 넘어가자! 94

관련 교과
초등 3학년 1학기 1. 우리 생활과 물질
초등 5학년 2학기 5. 용액의 반응
초등 6학년 1학기 2. 산과 염기

1. 산

여러분은 '산' 하면 가장 먼저 무엇이 떠오르나요? 염산을 떠올린 친구들이 많을 텐데요. 염산 외에도 다양한 종류의 산들이 있습니다. 산은 무엇이고, 우리 주변에 있는 산은 어떤 것들이 있는지 살펴보겠습니다.

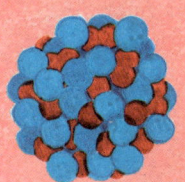

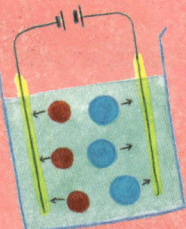

# 산이란 무엇일까요?

염산은 산성이 강해 여러 종류의 금속 산화물을 잘 녹입니다. 이러한 염산의 성질 때문에 산이라고 하면 무엇이든 다 녹일 수 있다고 생각하기 쉽습니다. 하지만 산을 보관하는 병은 녹지 않습니다. 또 우리의 소화기관인 위에서는 소화를 돕는 위액이 나오는데, 이 위액 속에도 산이 들어 있습니다. 산이 무엇이든 다 녹일 수 있다면 산을 보관하는 병도, 우리의 몸속 장기도 모두 녹겠지요?

산은 경우에 따라 녹이는 물질이 다릅니다. 금속을 녹일 때에는 자신보다 이온화가 잘되는 금속만 녹입니다. 이러한 산에 대해 많은 과학자들이 정의를 내렸습니다. 더불어 염기에 대해서도 정의를 내렸습니다. 널리 사용하는 산과 염기의 정의를 함께 알아보겠습니다.

스웨덴의 화학자인 아레니우스.

아레니우스의 산·염기 정의

산은 신맛이 나고, 대부분의 금속과 반응하여 수소 기체를 만듭니다. 염기는 쓴맛이 나고 촉감이 미끈미끈합니다. 산에 염기를 가하면 산의 성질이 약해지다가 염기성을 나타냅니다. 마찬가지로 염기에 산을 가할 때에도 염기의 성질이 약해지다가 산의 성질을 나타냅니다. 이러한 특성을 나타내는 이유에 대해 아레니우스는 다음과 같이 설명했습니다.

산은 물에 녹으면 수소이온을 내놓습니다. 아레니우스는 수소이온이 산의 성질을 나타낸다고 생각했습니다. 또한 염기는 물에 녹으면 수산화이온을 내놓습니다. 아레니우스는 수산화이온이 염기의 성질을 나타낸다고 생각했습니다. 아레니우스에 따르면 물에 녹아 수소이온을 내놓는 물질은 산, 물에 녹아 수산화이온을 내놓는 물질은 염기입니다. 이 학설을 아레니우스의 산·염기라고 합니다.

스반테 아레니우스
Svante Arrhenius, 1859~1927

웁살라 대학교에서 수학·화학·물리학을 공부한 후 스톡홀름 대학교에서 전기분해를 연구했습니다. 화학과 물리학의 중간 영역에 있던 그의 연구는 화학을 크게 발전시켰습니다. 1903년 스웨덴인으로는 처음으로 노벨상을 수상했습니다.

이온

원자 또는 원자의 집단은 전기적으로 중성입니다. 하지만 이들이 전자를 잃거나 얻으면 양전하 또는 음전하를 띠게 됩니다. 이러한 입자를 이온이라고 합니다.

브뢴스테드의 산·염기 정의

브뢴스테드는 연구를 하던 중 아레니우스의 산·염기의 정의에 들어맞지 않는 물질들을 발견했습니다. 아레니우스가 말한 수소이온과 수산화이온을 내놓는 물질 외에도 산·염기인 물질들이 있었습니다. 브뢴스테드는 산과 염기에 대해 다시 정의를 내렸습니다. 마침 영국의 화학자인 토머스 마틴 로리도 브뢴스테드와 같은 내용을 발표했습니다. 그래서 이 이론은 두 학자의 이름을 따서 브뢴스테드—로리 이론이라고 합니다.

덴마크의 화학자인 브뢴스테드.

요하네스 브뢴스테드
Johannes Brönsted, 1879~1947

코펜하겐 대학교에서 화학공학과를 졸업했습니다. 졸업 후 모교의 교수가 되었습니다. 아레니우스의 산·염기 개념을 확장한 새로운 산·염기 이론을 발표했습니다. 촉매와 전해질에 대해서도 중요한 업적을 남겼습니다.

브뢴스테드와 로리는 산·염기가 양성자에 따라서 결정된다고 주장했습니다. 물질을 이루고 있는 가장 작은 입자를 원자라고 합니다. 원자의 중심에는 무겁고 큰 양성자와 중성자가 있습니다. 양성자와 중성자는 사이좋게 원자의 중앙에 자리 잡고 있습니다. 그 주변을 작고 가벼운 전자가 돌고 있습니다. 이때 양성자는 (+)의 성질을, 전자는 (−)의 성질을 가지고 있습니다. 중성자는 (+)도 (−)도 아닌 중성을 띠고 있습니다. 브뢴스테드와 로리는 물에 녹아서 수소이온과 같은 양성자를 만드는 분자나 이온을 산, 만들어진 양성자를 받아 가는 분자나 이온을 염기라고 정의했습니다. 이를 간단하게 산은 양성자주게, 염기는 양성자받게라고 표현합니다.

■ 원자의 구성 입자

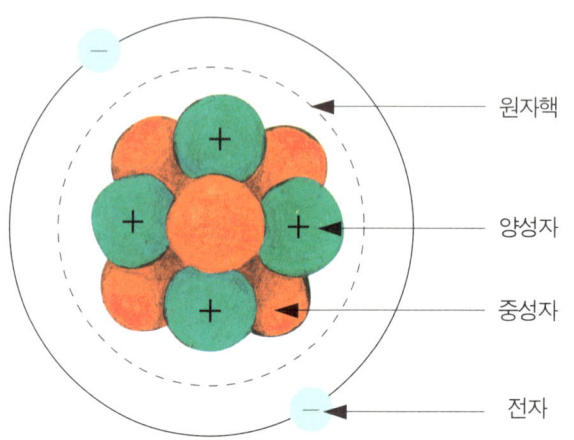

원자핵
양성자
중성자
전자

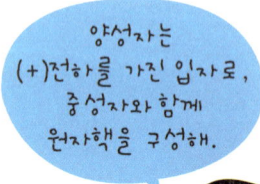
양성자는 (+)전하를 가진 입자로, 중성자와 함께 원자핵을 구성해.

루이스의 산·염기 정의

아레니우스의 산·염기 이론은 물에 녹았을 때만 적용되는 정의로 물에 녹지 않으면 산·염기를 정의할 수 없습니다. 그래서 브뢴스테드—로리는 수소를 포함한 액체에 물에 녹지 않는 물질을 녹이는 방법을 추가해 설명했습니다. 여기서 더 나아가 루이스는 수소를 포함한 액체는 물론이고 다른 액

미국의 물리화학자인 루이스.

현대 화학에서 산은 양성자주게(브뢴스테트—로리의 이론), 또는 전자쌍받게(루이스의 이론)라는 정의가 일반적으로 인정되고 있다.

길버트 루이스
Gilbert Lewis, 1875~1946

하버드 대학교에서 공부했고, 이후 캘리포니아 대학교 교수가 되었습니다. 산과 염기의 개념을 넓혔습니다. 원자가전자인 가전자에 의해서도 화학 결합이 이루어질 수 있다는 이론을 발표해 물리화학계에 커다란 발자취를 남겼습니다.

체에 녹아도 산·염기를 설명할 수 있다고 발표했습니다.

루이스는 아레니우스가 말한 대로 수소이온, 수산화이온을 내놓는 것도 산·염기라고 했습니다. 브뢴스테드—로리의 이론처럼 양성자를 내놓고 받아가는 것도 산·염기라고 했습니다. 이 이론들에 더해 루이스는 다른 물질에서 한 쌍의 전자를 받을 수 있는 모든 물질을 산이라고 정의했습니다. 한 쌍의 전자를 줄 수 있는 모든 물질은 염기라고 정의했습니다. 이를 간단하게 산은 전자쌍받게, 염기는 전자쌍주게라고 표현합니다.

루이스는 전자를 기준으로 산과 염기를 생각했고 브뢴스테드—로리는 양성자를 기준으로 산과 염기를 생각했습니다. 따라서 루이스의 전자는 브뢴스테드—로리의 양성자와 반대로 생각해야 합니다. 루이스의 이론은 산과 염기의 범위를 가장 넓힌 이론입니다.

금은 산에 녹을까요?

산이 모든 금속을 녹이지는 않는다고 했습니다. 산은 마그네슘, 알루미늄, 아연, 철 등의 금속만 녹입니다. 이런 금속을 이온화 경향성이 큰 금속이라고 합니다. 이온화 경향성이 크다는 말은 어떤 물질과 반응할 때 이온이 잘된다는 뜻입니다. 반대로 산에 녹지 않는 이온화 경향성이 작은 금속에는 무엇이 있을까요?

구리에 염산을 부으면 구리는 녹지 않습니다. 수은, 은, 백금, 금 등도 염산에 반응하지 않습니다. 이 금속들은 산에도 잘 변하지 않고 광택이 좋아 귀금속으로 쓰입니다. 이 중에서도 금은 광택이 아름답고, 특히 어떤 산에도 반응하지 않아서 옛날부터 귀한 금속으로 쓰였습니다. 그렇다면 금은 절대 녹지 않을까요?

아닙니다. 진한 질산과 진한 염산을 1 대 3으로 섞은 용액인 왕수(王水)에 넣으면 녹습니다. 왕수는 왕의 물이라는 뜻으로, 금이나 백금 등 산에 녹지 않는 귀금속들을 녹이기 때문에 붙여진 이름입니다. 왕수는 금을 잘 녹이지만 유리나 사기는 녹이지 못하기 때문에 유리병에 넣어 보관합니다.

금은 진한 염산과 진한 질산을 섞은 혼합물인 왕수에 넣으면 녹는다.

전류를 흐르게 하는 물질

산과 염기가 녹아 있는 물은 전류가 잘 흐릅니다. 그 이유는 산은 물에 녹아 수소이온을 내놓고, 염기는 물에 녹아 수산화이온을 내놓기 때문입니다. 이처럼 물에 녹았을 때 전류가 통하는 물질을 전해질이라고 합니다.

전해질은 양이온과 음이온으로 이루어져 있어서 중성입니다. 하지만 물에 녹으면 양이온과 음이온으로 나누어집니다. 이 수용액에 직류 전원을 연결하면 양이온은 (−)극 쪽으로 이동하고, 음이온은 (+)극 쪽으로 이동하기 때문에 전류가 흐릅니다. 전해질에는 염화나트륨, 황산구리, 염산, 질산 등이 있습니다. 반대로 물에 녹지 않거나 물에 녹아도 전류를 통하지 않는 물질을 비전해질이라고 합니다. 비전해질에는 설탕, 녹말 등이 있습니다.

전해질은 전류의 세기에 따라 강전해질과 약전해질로 나뉩니다. 강전해질은 염화나트륨(소금), 염화구리와 같이 전류가 잘 통하고, 약전해질은 아세트산과 같이 전류가 약하게 흐릅니다. 전류의 세기는 수용액 속에서 전하를 운반할 수 있는 이온의 수에 따라 결정됩니다. 이온이 많을수록 전류의 세기는 더욱 높아집니다.

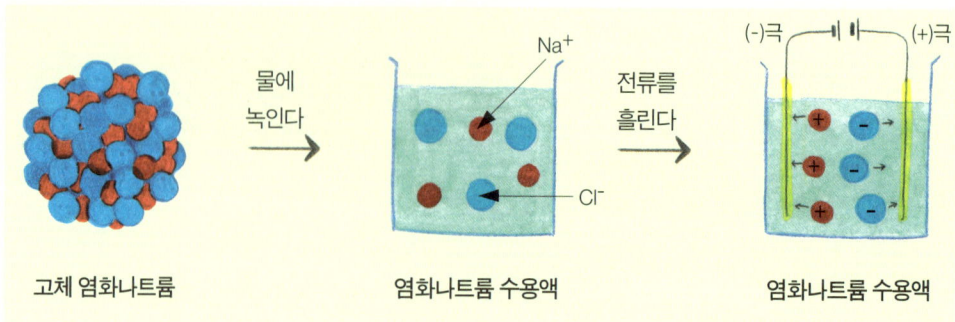

염화나트륨은 강전해질이다. 염화나트륨(NaCl)을 물에 녹이면 나트륨(Na^+), 염소(Cl^-) 이온을 만든다. 직류 전원을 연결하면 음이온은 (+)극으로, 양이온은 (−)극으로 끌려가면서 전류가 흐른다.

산의 종류

산은 종류도 많고 그 쓰임새도 매우 다양합니다. 산의 종류에는 무엇이 있을까요?

황산

황산은 이름 그대로 황으로 이루어진 산입니다. 화학식은 H_2SO_4로, 수소 원자와 황 원자가 결합해 만들어진 물질입니다. 묽은 황산의 맛을 보면 신맛이 납니다. 어떤 물질의 맛을 봤을 때 시큼하면 산이라고 생각하면 됩니다. 황은 성냥의 불이 붙는 부분에 들어가는 물질 중의 하나입니다. 성냥을 태우면 나는 특유한 냄새가 바로 황의 냄새입니다.

어떤 물질이 공기 중의 산소와 만나 열과 빛을 내는 화학변화를 연소라고 합니다. 황을 연소시키면 공기 중에 있는 산소 원자 두 개와 황 원자 한 개가 만나서 이산화황을 만듭니다. 두 개의 산소와 황이라는 뜻입니다. 여기에 산소를 넣으면 산소 원

성냥은 작은 나뭇개비의 한쪽 끝에 황 등의 연소성 물질을 입혀 만든다.

자가 세 개가 되면서 삼산화황이 됩니다. 세 개의 산소와 황이라는 뜻입니다. 삼산화황을 물에 녹이면 진한 황산이 됩니다.

진한 황산은 농도가 98% 이상입니다. 용액의 진하고 묽은 정도를 농도라고 하는데 이 농도가 클수록 용액이 진하다는 뜻입니다. 진한 황산에는 수분이 별로 없어서 이온화를 잘하지 못합니다. 이온화를 잘하지 못하면 수소이온을 내놓지 못하므로, 진한 황산은 산성의 성질이 거의 없습니다. 진한 황산을 묽게 만들면 어떨까요? 물이 많아지면서 이온을 많이 만들기 때문에 강한 산성이 됩니다. 묽은 황산을 만들 때에는 주의가 필요합니다. 황산은 매우 강한 산이어서 진한 황산에 물을 부으면 열이 발생합니다. 따라서 묽은 황산을 만들 때에는 많은 양의 물에 진한 황산을 조금씩 넣으면서 잘 저어 주어야 안전합니다.

건조제

다른 물질에서 수분을 제거해 건조시키는, 흡습성이 강한 물질을 말합니다. 진한 황산, 염화칼슘 등이 있습니다.

진한 황산은 주위의 수분을 흡수하는 성질이 강해 실험 약품 등에서 건조제로 많이 쓰입니다. 이를 진한 황산의 흡수 작용이라고 합니다. 또 진한 황산은 화합물 안에 있는 원소 중에서 수소와 산소

설탕에 진한 황산을 떨어뜨리면 탈수 작용이 일어나서 검게 변해!

를 2 대 1의 비율로 뽑아내 물을 만드는 성질이 있습니다. 이를 진한 황산의 탈수 작용이라고 합니다. 예를 들면 나무젓가락을 진한 황산에 담그면 나무의 성분 중 수소와 산소가 나옵니다. 결국 탄소 성분만 남게 되므로 나무젓가락은 검게 변합니다. 또 진한 황산에 하얀 설탕을 넣어 두면 설탕 속의 수소와 산소 원자가 물로 빠져나갑니다. 탄소만 남은 설탕은 숯덩이가 되면서 부피가 크게 부풀어 오릅니다.

염산

염산은 가장 대표적인 산입니다. 염산은 물에 염화수소(HCl)를 녹여 만든 용액으로, 수소 원자와 염소 원자로 이루어져 있습니다. 염화수소는 우리가 흔히 소금으로 알고 있는 염화나트륨에 진한 황산을 넣었을 때 발생하는 무색의 기체입니다.

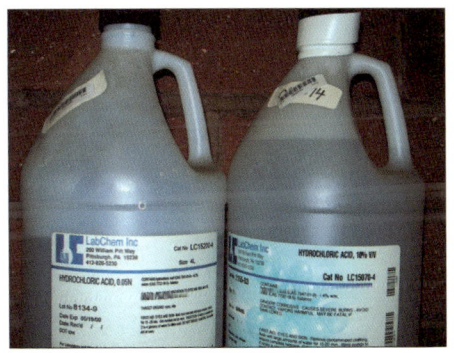

염산. 순수한 것은 무색이고 강한 산성을 띤다. 물감·간장·조미료·약품 등을 만드는 데 쓰인다.

염산은 자극적인 냄새가 납니다. 그래서 염산의 냄새는 직접 코를 대고 맡으면 안 되고, 손으로 냄새를 퍼뜨려 맡아야 합니다. 보통 물에 희석하지 않은 염산의 농도는 35% 정도로, 강한 산성을 띠고 있습니다. 그래서 염산이 피부에 닿으면 빨리 물로 씻어 내야 합니다. 염산을 사용할 때에는 항상 주의해야 합니다.

염산은 아무 빛깔이 없는 무색의 액체입니다. 그렇다면 무색의 액체들

암모니아

질소와 수소의 화합물입니다. 자극적인 냄새가 나는 무색의 기체로 물에 잘 녹고 액체로 변하기 쉽습니다.

염화암모늄

냄새가 없고 쓴맛이 납니다. 물에는 잘 녹지만 알코올에는 잘 녹지 않습니다. 전지를 만드는 데 쓰거나 화학 분석 시약·염색·의약 등에 쓰입니다.

만 있을 때 염산을 찾으려면 어떻게 해야 할까요? 암모니아를 이용합니다.

진한 염산의 병마개를 열고 진한 암모니아수를 묻힌 유리 막대를 병 입구 가까이로 가져가면 흰색 연기가 보입니다. 염산이 암모니아와 만나면 전혀 다른 물질인 염화암모늄이 만들어집니다. 흰색 연기는 염화암모늄 알갱이로 이루어져 있습니다.

질산

질산은 무색 액체입니다. 화학식은 HNO_3로, 수소, 질소, 산소로 이루어져 있습니다. 자극적인 냄새가 나고 불에 잘 붙습니다. 질산의 가장 큰 특징

은 열이나 빛에 약하다는 것입니다. 열이나 빛을 쬐면 분해되어 이산화질소가 생기고 황갈색으로 변합니다. 따라서 질산은 반드시 빛을 차단할 수 있는 갈색 병에 넣어 보관해야 합니다.

　진한 질산은 농도가 60~70%로 물이 적은 편이지만 이온이 많이 녹아 있기 때문에 강한 산성을 띱니다. 실산은 산화가 잘되는 성질을 가지고 있어서 다른 산들이 녹이지 못하는 구리, 수은, 은을 잘 녹입니다. 구리로 만들어진 동전에 질산을 떨어뜨리면 동전이 푸른색을 띠면서 녹습니다. 구리가 녹아 이온이 되면서 푸른색을 띠기 때문입니다.

　질산은 단백질과 잘 반응합니다. 단백질은 여러 종류의 시약과 작용하여 고유의 색을 나타내는데, 단백질에 진한 질산을 넣으면 노란색으로 변합니다. 또한 묽은 질산은 금속과 반응하면 수소 기체와 산화질소, 이산화질소 등을 발생시킵니다. 따라서 순수한 수소 기체를 얻고 싶을 때에는 질소 이외의 다른 강한 산성과 반응시키는 것이 좋습니다.

아세트산, 탄산

아세트산은 탄소, 수소, 산소로 이루어져 있습니다. 물에 희석한 알코올에 아세트산균을 넣으면 아세트산이 됩니다. 아세트산은 살균 능력이 있어서 대장균이나 포도상구균과 같이 식중독을 일으키는 세균을 죽여서 음식의 부패를 막아 줍니다.

아세트산은 우리가 먹는 식초 속에 3~5% 정도 들어 있습니다. 식초의 신맛은 아세트산이 내는 맛입니다. 순수한 아세트산은 섭씨 16℃ 이하에서 고체로 존재합니다. 얼어 있는 초산이라는 뜻에서 빙초산이라고도 부릅니다. 빙초산은 약한산이지만 독성이 있기 때문에 피부에 닿으면 염증이 생길 수 있습니다. 사용할 때에는 주의를 기울여야 합니다.

우리가 자주 마시는 탄산음료에도 산이 들어 있습니다. 사이다나 콜라 같은 탄산음료에서 기포를 발생시키며 시원한 맛을 내는 물질이 탄산입니다. 탄산은 탄소와 산소로 이루어져 있는데, 이산화탄소가 물에 녹아서 생기는 약한산입니다. 약한산은 음료수를 만들 때 주로 쓰입니다.

아세트산균

몸 안에 있는 효소의 작용으로 알코올을 산화시켜 아세트산을 만드는 성질을 가지고 있습니다. 양조 식초, 알코올 식초 등을 만드는 데 쓰입니다.

수분이 거의 섞이지 않은 순수한 아세트산인 빙초산.

아스피린에서 신맛이 나요

아스피린은 아파서 높아진 체온을 내리는 약입니다. 두통이나 신경통, 관절통 등에도 쓰입니다. 아스피린을 물에 녹여 맛을 보면 산성 물질의 특징인 신맛이 납니다. 아스피린은 어떻게 만들어졌을까요?

옛날 사람들은 버드나무 껍질을 이용해 열을 내렸습니다. 버드나무 껍질의 성분을 분석한 결과, 살리실

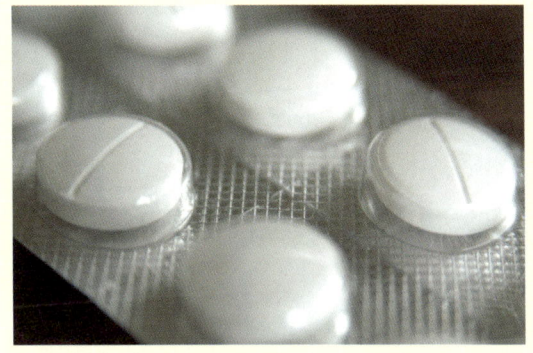

아스피린은 흰색의 결정성 가루이다. 물에 잘 녹지 않고, 약간 신맛이 난다.

산이라는 물질이 열을 내려 준다는 사실을 알게 됐습니다. 따라서 살리실산을 대량으로 생산하게 되었고, 살리실산이 장티푸스와 류머티즘 환자에게도 효과가 있다는 사실이 밝혀졌습니다. 하지만 살리실산은 구역질이 날 정도로 맛이 좋지 않아서 먹기가 매우 어려웠습니다. 류머티즘을 앓고 있던 아버지가 이 약을 먹느라 고생하는 모습을 본 독일의 화학자 호프만은 살리실산에 아세트산을 섞어서 맛을 훨씬 좋게 한 새로운 약을 만들었습니다. 이 약이 바로 아스피린입니다. 아스피린은 바이엘 제약 회사의 상품명으로, 몇몇 나라에서는 아세틸살리실산이라는 물질명으로 부르기도 합니다.

우리 주변에 있는 산

산은 우리 생활에서 흔히 볼 수 있습니다. 우리 몸속에도 산이 있습니다. 소화기관인 위에서는 소화를 돕기 위해 위액이 분비됩니다. 위액 속에는 위산이 들어 있습니다. 위산은 단백질이 잘 소화되도록 도와줍니다. 또한 강한 산성의 성질로 위 안에 있는 나쁜 병균을 죽이는 일도 합니다. 만약 소화가 되는 동안 음식물이 부패한다면 식중독에 걸리겠지만 위산 덕분에 그럴 일은 없답니다.

위산은 염산이 주성분입니다. 염산은 피부에 닿으면 화상을 입을 수 있을 정도로 강한 산성입니다. 이런 강한 산성이 위에서 나오는데도 우리는 왜 아무 통증도 느끼지 못할까요? 뮤신이라는 물질 때문입니다. 뮤신은 위의 안쪽 벽에 발라져 있는 물질로, 염산이 위에 직접 닿지 않도록 보호해 줍니다. 뮤신보다 위산이 많이 분비되면 속이 쓰리는 증상이 나타납니다. 심하면 위벽이 손상되어 위궤양이 됩니다.

> **뮤신**
> 점액소라고도 합니다. 동물의 외분비샘에서 분비되는 점성 물질을 통틀어 이르는 말입니다. 세포의 표면이나 체표면을 보호합니다.

음식에서도 산 성분을 찾을 수 있습니다. 상상만 해도 입안에 침이 고이는 레몬, 귤 등의 과일에 공통으로 들어 있는 산이 있습니다. 신맛을 내는 성분인 시트르산으로 구연산이라고도 합니다. 시트르산은 무색 결정으로

물과 에탄올에 잘 녹으며 약한 산성을 띱니다. 인공적으로 합성한 시트르산은 산뜻한 신맛을 내서 과일즙 음료나 탄산음료 등의 식품 첨가물로 사용됩니다. 과일 주스 등 신맛이 나는 음료에는 대부분 시트르산이 들어 있다고 생각하면 됩니다.

새콤하고 달콤한 맛이 나는 요구르트는 맛있고 건강에도 좋습니다. 요구르트는 유산균의 발효를 이용해 만든 음료입니다. 우리가 흔히 유산균이라고 부르는 균은 젖산균입니다.

오렌지 주스에는 신맛이 나는 시트르산이 들어 있다.

젖산

락트산이라고도 합니다. 젖당이나 포도당 등의 발효로 생기는 유기산입니다. 무색무취의 신맛이 나는 액체로, 물과 알코올에 잘 녹습니다.

요구르트의 주재료는 우유로, 우유에 있는 단백질을 응고시켜 걸쭉하게 만드는 물질이 젖산입니다. 요구르트에서 신맛이 나는 이유도 젖산 때문입니다. 젖산균은 일반 세균에 비해 영양이 풍부한 환경에서만 번식할 수 있습니다. 따라서 젖산은 장을 산성으로 만들어 해로운 세균이 살지 못하도록 합니다. 젖산균이 장의 활동을 돕기 때문에 요구르트를 먹으면 설사와 변비를 막을 수 있습니다.

김치도 젖산균으로 만들어진 음식입니다. 김치를 담그면 처음에는 잡다한 세균이 자라다가 여러 종류의 젖산균이 차례대로 번식하면서 김치가 익습니다. 김치가 익는 정도에 따라 젖산균의 종류와 양이 달라집니다. 김치에 들어 있는 젖산균은 장에서 소화를 돕습니다. 이처럼 산은 우리 일상생활 다양한 곳에서 이용되고 있습니다.

산이 많이 들어 있는 과일은 시큼한 맛이 난다.

레몬즙으로 비밀 편지 쓰기

친구에게 비밀 편지를 써 볼까요? 먼저 레몬즙과 종이, 붓을 준비합니다. 종이에 레몬즙을 물감 삼아 붓으로 글씨를 씁니다. 종이에는 아무런 흔적도 남아 있지 않습니다. 잘 말린 종이를 불 가까이에 살짝 가져가 봅니다. 잠시 후, 레몬즙으로 글씨를 쓴 부분이 검게 변하면서 편지의 내용이 보입니다. 어떤 원리가 작용했을까요?

레몬에는 시트르산이 들어 있습니다. 레몬즙을 종이에 묻혀 열을 가하면 시트르산이 바짝 줄어들면서 종이에 있는 물을 뽑아냅니다. 이를 탈수 작용이라고 하는데, 대부분의 진한 산은 탈수 작용을 일으킬 수 있습니다. 종이는 탄소, 산소, 수소로 이루어져 있습니다. 물은 산소와 수소로 이루어져 있습니다. 따라서 물을 잃은 종이에는 탄소만 남아 레몬즙이 묻어 있던 자리가 새까맣게, 농도가 옅을 때에는 갈색으로 변합니다. 숨겨진 글자가 나타나는 비밀 편지, 정말 신기하지요?

레몬즙으로 글씨를 쓴 다음, 불에 그을리면 글씨가 나타난다.

문제 1　루이스는 산과 염기를 어떻게 정의했나요?

문제 2　금은 어떻게 녹일까요?

3. 일정한 지시약에 대하여, 용액 사이의 색이 뚜렷이 다릅니다. 아레니우스 예상과 달리 다른 종류의 양쪽성물질이 있다.

4. 시트르산으로 만들어지기도 합니다. 시트르산은 식초, 사탕옥수수에 들어있으며 잘 녹아서 산을 만든다. 주스 등 산미료 가격이 싸고 음료에도 대표적인 시트르산인 들어 있습니다.

문제 3 가장 대표적인 산인 염산의 특징에 대해 말해 보세요.

문제 4 레몬, 귤 등의 과일에 공통으로 들어 있는 산은 무엇일까요?

정답

1. 산으로는 염산, 질산, 황산 등이 있으며, 먹을 수 있는 산에는 식초 속의 아세트산, 과일 속의 구연산 등이 있습니다. 이들은 강산성부터 약산성까지 산성세기가 표현됩니다.
2. 염산에 녹습니다. 염산은 가장 강산성을 지닌 염산이므로 1 대 3으로 산을 약하게도, 금이나 백금 등 산에 녹지 않은 귀금속을 녹입니다.
3. 구연산을 녹입니다.

관련 교과
초등 5학년 2학기 5. 용액의 반응
초등 6학년 1학기 2. 산과 염기

2. 염기

산과 염기는 화학적으로 대립하는 특성을 가지고 있습니다. 산은 신맛이 나는 반면, 염기는 쓴맛이 납니다. 하지만 물에 녹였을 때 둘 다 전류를 흐르게 해 준다는 공통점이 있습니다. 염기는 산과 어떤 점이 같고, 또 다른지 자세히 알아보겠습니다.

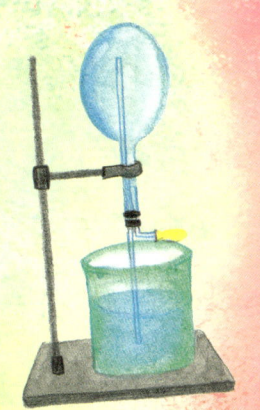
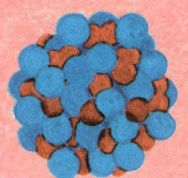

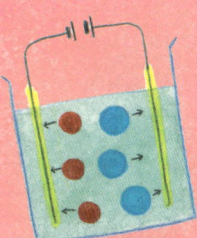

염기란 무엇일까요?

앞에서도 살펴보았듯이 염기에 대한 정의는 여러 가지가 있습니다. 이 중에서 아레니우스가 정의한 염기가 가장 일반적으로 사용됩니다. 아레니우스는 물에 녹아 이온화하여 수산화이온을 내놓는 물질을 염기라고 정의했습니다. 다른 정의도 살펴보면 브뢴스테드—로리는 만들어진 양성자를 받아 가는 것을 염기라고 정의했습니다. 또 루이스는 한 쌍의 전자를 줄 수 있는 모든 물질은 염기라고 정의했습니다. 이 두 가지 이론을 간단하게 표현하면 염기란 양성자받게, 전자쌍주게라고 정의할 수 있습니다.

염기는 수용액에서 양이온과 음이온인 수산화이온으로 이온화합니다. 염기의 세기는 염기의 수용액 속에 들어 있는 수산화이온의 양에 따라 결정됩니다. 수용액 속에서 이온화를 잘하는 염기는 강염기입니다. 수산화나트륨, 수산화칼륨, 수산화칼슘, 수산화바륨 등이 해당됩니다. 수용액 속에서 이온화가 낮은 염기는 약염기입니다. 암모니아, 수산화구리, 수산화철 등이 해당됩니다. 염기는 물에 녹아 이온화하므로 수용액에서 전

비누는 염기인 수산화나트륨을 원료로 만든다.

류를 잘 흐르게 하는 전해질입니다. 강염기는 용액 속에 이온이 많기 때문에 전류가 잘 흐르지만 약염기는 이온이 적어 전류가 약하게 흐릅니다.

 염기의 성질을 살펴보면, 염기는 단백질을 녹이는 성질이 있습니다. 피부에는 단백질 성분이 있기 때문에 염기성 물질이 손에 닿으면 미끌미끌합니다. 염기는 산과 다르게 쓴맛이 납니다. 비눗물이 입에 들어갔을 때 쓴맛이 나는 이유는 비누가 염기성을 띠고 있기 때문입니다. 비누나 세제가 염기성이기 때문에 샴푸 역시 염기성으로 착각하기 쉽습니다. 하지만 샴푸는 약한 산성을 띠고 있습니다. 만약 샴푸가 염기성이면 머리카락의 단백질 성분을 녹여 머리카락이 부스스하게 되고 윤기가 사라집니다. 또한 염기는 붉은색 리트머스시험지와 BTB 용액을 푸르게 변화시키고, 페놀프탈레인 용액은 붉게 변화시킵니다.

알칼리

알칼리는 염기 중에서 물에 잘 녹는 물질을 말합니다. 고대 아랍인은 식물의 재를 알칼리라고 불렀습니다. 나중에는 강한 염기성을 나타내면 모두 알칼리라고 불렀는데, 지금은 주로 알칼리금속 및 알칼리토금속의 수산화물을 물에 녹인 것을 알칼리라고 합니다. 수산화나트륨과 수산화칼륨 등이 대표적인 알칼리에 속합니다.

알칼리는 일반적으로 물에 녹아 자신의 성질을 나타냅니다. 이를 알칼리성이라고 합니다. 알칼리성은 적색 리트머스시험지를 푸른색으로 변화시킵니다. 수소이온 농도(pH)는 7 이상이고 산을 중화시킵니다. 사람의 혈액은 중성에 가까운 약알칼리성입니다.

식품에도 알칼리성 식품이 있습니다. 미역은 대표적인 알칼리성 식품에 속합니다. 미역을 말려 태우면 재가 생깁니다. 이 재에는 강한 염기성을 나타내는 탄산나트륨이 들어 있습니다. 염기성은 단백질을 잘 녹이기 때문에 사람의 때도 녹입니다. 그래서 옛날 사람들은 미역과 같은 탄산나트륨이 들어 있는 식물의 재를 비누 대신 사용했습니다.

미역은 대표적인 알칼리성 식품이다.

염기의 종류

염기는 실험실에서 흔히 사용되며 화학제품을 만드는 공장에서도 널리 사용됩니다. 산은 신맛을 가진 음식에 다양하게 들어 있는 반면에 염기가 들어 있는 음식은 거의 없습니다. 염기의 종류에는 무엇이 있고, 각각 어떤 성질을 가지고 있는지 살펴보겠습니다.

수산화나트륨

가장 대표적인 염기로 수산화나트륨이 있습니다. 수산화나트륨은 나트륨과 산소, 수소로 이루어져 있습니다. 강한 염기성을 띠고 있어서 단백질을 매우 잘 녹이기 때문에 되도록 손으로 만지지 않아야 합니다.

수산화나트륨을 화학 실험이나 화학반응에 사용하는 경우 물에 녹여 수용액으로 만들어야 합니다. 수산화나트륨이 다른 염기들과는 다르게 조해성이라는 성질을 가지고 있기 때문입니다. 조해성은 공기 중의 수증기를 흡수해서 스스로 녹는 성질을 말합니다.

수산화나트륨을 공기 중에 놓아두면 수증기를 흡수해 곧바로 녹기 시작합니다. 따라서 수산화나트륨의 정확한 무게를 알기 위해서는 수증기가 없는 밀폐된 공간에서 측정하거나 빠른 속도로 측정해야 합니다. 그렇지 않으면 수산화나트륨의 무게에 수증기의 무게가 더해집니다.

탄산나트륨

보통 소다 또는 탄산소다라고 부릅니다. 무색의 결정으로 물에 녹아 강한 염기성을 나타냅니다. 유리, 비누, 종이 등의 제조 원료로 사용됩니다.

이산화탄소는 물에 잘 녹기 때문에 공기 중에 있는 수증기에는 이산화탄소가 녹아 있습니다. 수산화나트륨이 수증기를 흡수했다면 이산화탄소도 같이 흡수하게 됩니다. 수산화나트륨이 이산화탄소를 흡수하면 전혀 다른 물질인 탄산나트륨으로 변합니다. 수산화나트륨으로 만들어진 비누의 경우 공기 중에 놓아두면 하얀 가루가 생기는데, 이 하얀 가루가 탄산나트륨입니다. 따라서 수산화나트륨을 보관할 때에는 공기와의 접촉을 막아 주는 것이 좋습니다.

수산화칼슘

　수산화칼슘은 산화칼슘이 물과 반응해 만들어진 흰색의 염기성 가루입니다. 물에 조금밖에 녹지 않으며 물의 온도가 낮을수록 더 많이 녹는 특이한 성질이 있습니다. 수산화칼슘을 물에 녹인 수용액을 석회수라고 하는데, 이온화를 잘하기 때문에 강한 염기성을 나타냅니다. 석회수에 이산화탄소를 넣으면 뿌옇게 흐려집니다. 물에 녹아 있는 수산화칼슘과 이산화탄소가 반응해 물에 녹지 않는 탄산칼슘을 만들었기 때문입니다. 따라서 석회수는 이산화탄소 성분이 있는지, 없는지 알아볼 때 흔히 사용됩니다.

　불이 붙은 양초 가까이에 석회수를 가져가면 뿌옇게 됩니다. 양초가 연소되면서 이산화탄소가 발생했기 때문입니다. 그런데 이산화탄소를 계속 통과시키면 뿌옇던 석회수가 투명해집니다. 처음에는 탄산칼슘이 만들어져 뿌옇게 되었다가 이산화탄소를 만나면서 다시 석회수가 되기 때문입니다. 이러한 성질을 이용해 이산화탄소 처리 장치에 수산화칼슘을 사용하는 기술이 이용되고 있습니다. 온실효과를 줄이는 데 효과적이라고 합니다.

온실효과

대기 중의 수증기, 이산화탄소 등이 태양 복사에너지는 통과시키고 지구 복사에너지는 흡수하여 지구의 기온을 높이는 현상을 말합니다. 빛은 받아들이고 열은 내보내지 않는 온실과 같은 작용을 한다는 데서 유래한 말입니다.

암모니아

　암모니아는 질소와 수소로 이루어져 있는 무색 기체입니다. 공기보다 가볍고, 약한 염기성에 속합니다. 자극성이 매우 강하기 때문에 코나 입, 눈 등에 닿지 않도록 주의해야 합니다. 암모니아는 물에 굉장히 잘 녹습니다. 물에 녹인 수용액을 암모니아수라고 하는데, 암모니아수는 산과 반응하여 여러 가지 화합물을 만듭니다.

　암모니아는 고약한 냄새로 유명합니다. 여름에 더러운 화장실에서 나는 냄새가 암모니아 냄새입니다. 그렇다면 화장실에서는 왜 암모니아 냄새가 날까요? 사람의 소변에 암모니아가 포함되어 있기 때문입니다.

　음식물을 먹고, 숨을 쉬는 등의 생명 활동을 하는 동안 필요 없는 성분들이 몸속에 생깁니다. 이런 물질들을 노폐물이라고 하는데 노폐물 중에 암모니아가 있습니다. 암모니아는 냄새만큼이나 독성이 강한 물질입니다. 몸속에 오래 있을 수도 없고 그렇다고 생기자마자 내보낼 수도 없습니다. 내보내기 전까지라도 안전하게 두기 위해 독성이 없는 요소로 바꾸어 방광에 모아 둡니다. 그런 다음 한꺼번에 소변으로 내보냅니다. 이때 미처 요소로 바뀌지 않은 약간의 암모니아가 같이 나오면서 화장실에서 암모니아 냄새가 나게 됩니다.

샴푸

머리카락이 타면 매캐하기도 하지만 고기 굽는 냄새처럼 고소한 냄새가 납니다. 이 냄새만으로도 머리카락이 무엇으로 이루어졌는지 알 수 있습니다. 바로 단백질입니다.

머리카락의 겉 부분은 큐티클이라는 층으로 이루어져 있습니다. 큐티클의 주성분은 케라틴이라는 단백질로, 외부 자극으로부터 머리카락을 보호하고 수분이 날아가는 것을 막아 줍니다.

비누로 머리를 감아 본 적이 있나요? 비누는 염기성으로 단백질을 녹이는 성질을 가지고 있습니다. 그래서 비누로 머리를 감으면 단백질을 녹이기 때문에 머리카락이 빳빳하고 거칠어집니다. 머리를 감을 때에는 산성 물질을 첨가해 염기성이 약해진 샴푸를 사용해야 합니다. 약산성 또는 중성인 샴푸는 머리카락과 머리카락 속의 피부에 영향을 주지 않으면서도 청결함을 유지할 수 있게 해 줍니다.

염기는 머리를 쉽게 손상시키기 때문에 샴푸는 중성이거나 약산성을 띤다.

우리 주변에 있는 염기

우리 주변에는 다양한 염기 물질이 있습니다. 짚이나 나무를 태운 재에 물을 붓고 걸러서 만든 잿물은 대표적인 염기성 물질입니다.

식물의 재는 많은 종류의 염을 포함하고 있습니다. 식물이 자라는 데 칼륨이온과 나트륨이온이 반드시 필요합니다. 이 이온들이, 연소하면서 만들어진 탄소산화물이나 질소산화물과 결합해 탄산염과 질산염 등의 많은 화합물을 만듭니다. 잿물이 염기성을 띠는 이유는 탄산염이 물에 녹으면서 가수분해 되어 수산화이온을 만들기 때문입니다.

가수분해

화학반응 중에서 물이 작용하여 일어나는 반응입니다. 무기염류가 물과 반응하여 산 또는 알칼리 물질이 되는 반응이나 사람의 소화기관에서 음식이 소화되는 과정 등이 대표적인 가수분해입니다.

잿물을 다른 말로 양잿물이라고도 합니다. 잿물 앞에 서양의 의미를 담은 '양'을 붙인 것으로, 양잿물은 수산화나트륨(NaOH) 수용액과 같은 성질을 가지고 있습니다. 수산화나트륨 수용액은 미끈거리는 특성이 있습니다. 따라서 비누와 세제가 없던 옛날에는 잿물을 사용해 빨래를 했습니다. 잿물을 사용하면 때가

시루. 바닥에 구멍이 여러 개 뚫려 있어 잿물을 내릴 때 사용했다.

잘 지워져 깨끗하게 빨래를 할 수 있습니다. 하지만 진한 수산화나트륨 수용액은 피부에 상처를 입히고, 마시면 생명을 잃을 수도 있는 독극물입니다. 그래서 지금은 잿물을 사용하지 않고 안전한 세제를 사용해 빨래를 합니다.

수산화나트륨은 강한 염기성을 띠고 있기 때문에 단백질을 매우 잘 녹입니다. 이런 성질 때문에 우리 생활 다양한 곳에서 수산화나트륨이 사용되고 있습니다.

고기를 굽고 난 후 불판에는 고기 찌꺼기와 기름때가 단단하게 붙어 있습니다. 일반적인 주방 세제로는 불판을 깨끗하게 닦을 수 없습니다. 이때 수산화나트륨을 탄 물에 불판을 닦으면 깨끗하게 닦을 수 있습니다. 고기는 단백질과 지방질이 주성분입니다. 따라서 단백질을 녹이는 수산화나트륨을 이용하면 불판에 붙어 있는 단백질과 기름때를 쉽게 닦을 수 있습니다.

흔히 파마라고 하는 퍼머넌트 웨이브는, 화학약품을 사용해 머리카락의 모양을 변화시킵니다. 그렇다면 화학약품이 없던 옛날에는 어떤 방법으로 파마를 했을까요? 머리카락은 단백질로 이루어져 있다는 점이 힌트입니다.

단백질을 녹이는 수산화나트륨을 이용했습니다. 머리카락에 수산화나트륨을 바른 다음 원하는 모양으로 구불거리게 합니다. 그런 다음 가열하면 그 모양대로 머리카락이 유지됩니다. 주의해야 할 점은 머리카락 속에 있는 피부인 두피도 단백질이라는 점입니다. 만약 수산화나트륨이 두피에 닿게 되면 심한 경우 통증과 함께 피가 날 수도 있습니다. 따라서 수산화나트륨이 두피에 닿지 않도록 주의해야 합니다. 지금 사용되는 파마 약은 안전하게 나온 화학약품으로 옛날만큼 주의를 기울이지 않아도 됩니다.

 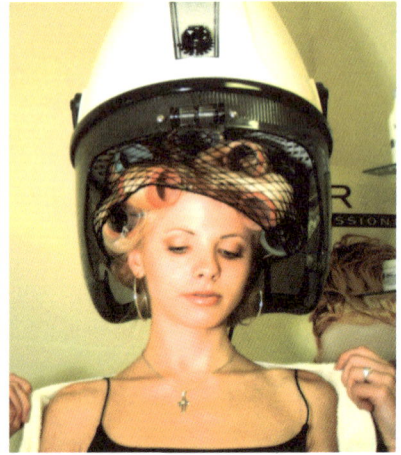

◀ 수산화나트륨을 이용하면 불판에 붙어 있는 단백질과 기름때를 깨끗하게 닦을 수 있다.
▶ 지금은 화학약품을 사용해 파마를 하지만 옛날에는 수산화나트륨을 이용해 파마를 했다.

우리 몸속에 산이 있다는 것은 앞에서 배웠습니다. 그런데 산만 있는 것이 아니고 염기도 있습니다.

위에서 산에 의해 소화된 물질들은 소장으로 갑니다. 위의 안쪽 벽에는 뮤신이 발라져 있기 때문에 산이 위에 직접 닿지 않도록 보호해 줍니다. 하지만 소장에는 뮤신이 없습니다. 위에서 소장으로 온 음식물에는 산성 물질이 그대로 남아 있기 때문에 소장이 녹을 수도 있습니다. 하지만 실제로 그런 일은 일어나지 않습니다. 그 이유는 소장의 윗부분인 십이지장에는 여러 영양소를 소화시킬 수 있는 쓸개즙과 이자액이 분비되는데, 이자액 속에 탄산수소나트륨이 들어 있기 때문입니다. 탄산수소나트륨이 이자에서 나와 십이지장에서 산성을 띠는 음식물을 중화해 줍니다. 이런 일들을

■ 사람의 소화기관

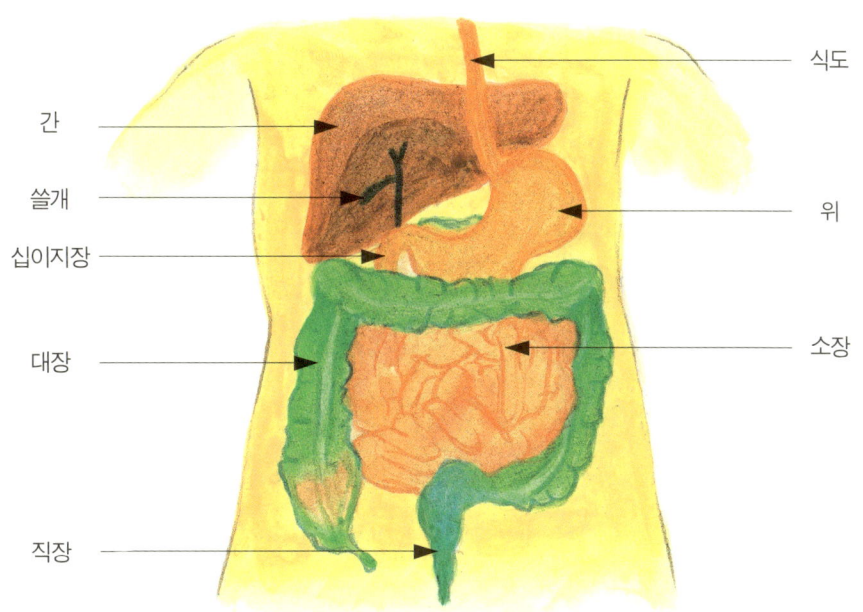

척척 알아서 하다니, 우리 몸은 정말 놀랍지요? 탄산수소나트륨은 뮤신과 함께 우리 몸속에 있는 대표적인 염기성 물질입니다.

혈액은 우리 몸의 혈관 속을 끊임없이 순환하며 생명을 지키고 유지하는 중요한 역할을 합니다. 이러한 혈액 속에도 염기 성분이 있습니다.

혈액에는 탄산수소이온과 탄산이온이 녹아 있습니다. 탄산수소이온은 염기 성분이고, 탄산이온은 산성입니다. 혈액 속에 산성 성분이 들어오면 탄산수소이온이 중화반응을 일으키고, 반대로 염기성 성분이 들어오면 탄산이온이 중화반응을 일으켜 혈액의 산성도를 일정하게 유지시킵니다. 이렇듯 산성도가 일정하게 유지되는 것을 완충작용이라고 합니다. 산성인 식초를 많이 먹어도 아무 이상이 없는 이유 역시 혈액의 효과적인 완충작용 때문입니다.

양치를 할 때 칫솔과 함께 반드시 사용하는 것은 무엇일까요? 네, 치약입니다.

음식물을 먹으면 음식물 찌꺼기들이 입안에 남습니다. 입안에는 우리 눈에 보이지는 않지만 많은 세균들이 있습니다. 이 세균들 가운데 우리가 먹은 음식물 속의 당분을 먹고 사는 뮤탄스균이라는 세균이 있습니다. 뮤탄스균은 당분을 분해해 산으로 바꿉니다. 뮤탄스균이 만든 산에 의해 이가 녹는 현상이 충치입니다.

중화반응

산의 수소이온(H^+)과 염기의 수산화이온(OH^-)이 반응해 산성도 염기성도 아닌 중성인 물이 되는 반응을 말합니다.

산성도

산성의 세기를 나타내는 정도입니다. 수소이온 농도 지수(pH)로 나타냅니다.

치약에는 탄산칼슘, 탄산마그네슘 등이 들어 있어서 충치를 예방해 준다.

이러한 충치를 예방하기 위해 우리는 치약을 사용합니다. 치약 속에는 탄산칼슘, 탄산마그네슘 등의 염기성 물질이 들어 있습니다. 뮤탄스균이 만든 산과 치약의 염기가 만나 중화되면서 충치가 예방됩니다.

비나 눈으로 땅에 내린 물은, 강물이 되거나 지하로 스며들어 지하수가 됩니다. 땅속으로 흐르는 지하수는 땅의 모양을 변화시킵니다. 대표적인 예로 석회동굴이 있습니다. 이러한 석회동굴은 염기 성분으로 이루어져 있습니다.

빗물은 공기 중의 이산화탄소가 녹아들어 약한 산성을 띱니다. 땅에 빗물이 스며들면서 땅속의 탄산가스를 녹여 산성은 더욱 증가합니다. 석회로 이루어진 땅에 이산화탄소가 녹아 있는 지하수가 지나가면 석회는 지하수에 녹아 탄산수소칼슘을 만듭니다. 지하수가 계속해서 석회를 녹이면 구멍이 점점 커지고, 그 과정에서 석회 동굴이 만들어집니다.

종유석. 석회동굴 천장에 고드름처럼 길게 늘어진 석회석을 말한다.

탄산칼슘이 긴 시간 동안 같은 자리에 떨어져 자라난 것을 석순이라고 부른다.

　석회동굴이 만들어질 때 지하수에 녹아 있는 탄산수소칼슘은, 이산화탄소와 물이 빠져나가면서 탄산칼슘만 남습니다. 탄산칼슘이 석회동굴의 천장 또는 바닥에서부터 쌓여서 탄산칼슘 덩어리를 만듭니다. 천장에서부터 고드름처럼 자라는 탄산칼슘 덩어리를 종유석이라고 합니다. 종유석에서 바닥으로 떨어지는 물방울은 죽순처럼 자라서 석순이 됩니다. 종유석과 석순이 붙어 석주가 되기도 합니다. 종유석이 1㎜ 정도 자라는 기간이 보통 몇십 년은 걸린다고 하니, 석회 동굴은 몇백만 년에 걸쳐서 만들어졌다고 할 수 있습니다. 염기와 시간이 만든 작품이라고 할 수 있어요.

소다의 발견

소다는 물에 녹으면 강한 알칼리성을 띠는 물질로 변하며 이것을 탄산나트륨이라고도 합니다. 18세기 후반 프랑스에서는 유리와 비누를 만드는 데 필요한 소다를 스페인에서 수입해 사용했습니다. 하지만 스페인에서 전쟁이 일어나 소다를 구할 수 없게 되자, 프랑스의 화학자인 르블랑은 소다 만드는 방법을 연구했습니다. 소금에 황산을 넣어 황산나트륨을 만든

소다의 발견으로 비누 만드는 방법이 발전했다. 덕분에 전염병이 줄어들어 사람의 평균 수명이 늘어났다.

다음 석회석과 석탄을 섞어 가열했습니다. 그러자 소다가 만들어졌습니다. 이렇게 소금을 이용해 소다를 만드는 방법을 르블랑법이라고 합니다. 르블랑법은, 벨기에의 솔베이가 암모니아를 이용해 소다를 만드는 암모니아 소다법을 개발하기 전까지 100년 동안 소다 만드는 방법의 기본이 되었습니다. 소다는 유리, 비누, 수산화나트륨, 탄산수소나트륨, 종이 제조, 염료의 합성 등에 쓰입니다.

문제 1 염기의 정의 세 가지를 간단하게 말해 보세요.

문제 2 알칼리란 무엇일까요?

3. 사람의 수산화 이온들이 포함되어 있기 때문입니다. 우선 알칼리는 물에 녹으며, 그 세정이 좋은 물질이 아이온으로 수산화 이온이 들어 있습니다. 따라서 물에 녹을 수 있는 물질만 알칼리가 됩니다. 또한 염기는 이온으로 되어있지 않고, 대체로 양성자를 받기 쉬운 물질만 알칼리가 되면서 알칼리는 녹기 쉬운 염기라는 것이 알칼리입니다.

4. 단체로는 중 녹는 수산화물들을 이용하여 크기 몰핵은 잘게 단을 수 있습니다. 즉 알칼리는 물을 따르는 데에도 수산화물을 이용합니다. 마시지는 아이모에서 용해되는 수산화물은 매우 알칼리성을 가지므로 그 용액으로 마시는 것이 안 좋습니다.

문제 3 화장실에서 암모니아 냄새가 나는 이유는 무엇일까요?

문제 4 수산화나트륨이 일상생활에서 쓰이는 예를 들어 보세요.

정답

1. 아메리카수용액은 독특 냄새를 수반하여 이동합니다. 수산화암모늄에 녹아있는 암모늄은 기체 상태의 암모니아로 분해됩니다. 또 이쪽으로 잘 녹아 기체는 물에 잘 녹는 성질이 있기 때문에 암모니아 기체는 공기 중에서 잘 녹아 퍼집니다.

2. 수산화나트륨은 물에 잘 녹는 흰색 고체입니다. 그대 이산화탄소 시멘트 재료 암모늄나트륨 만듭니다. 기름때를 잘 녹이기 때문에 세탁비누, 하수구 뚫는 나트륨이 강한 염기성 수용액을 만들 수 있습니다.

관련 교과
초등 5학년 2학기 2. 용액의 성질
초등 6학년 1학기 2. 산과 염기

3. pH

우리 몸속에서는 여러 가지 작용들이 일어납니다. 각각의 작용들이 일어나기 위해서는 그에 맞는 pH값이 정해져 있습니다. pH란 무엇이고, 산성·염기성과는 어떤 관계가 있는지 알아보겠습니다.

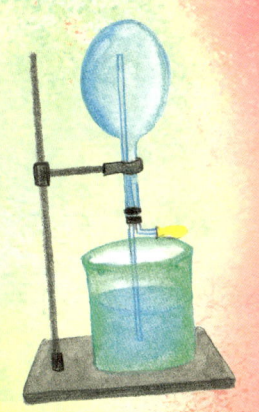
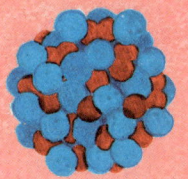

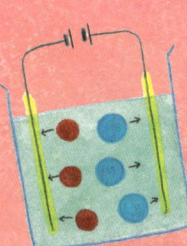

pH란 무엇일까요?

산, 염기 등의 용액은 물에 녹아서 이온을 내놓습니다. 아레니우스는 수소이온을 내놓는 것을 산이라고 했습니다. 용액의 수소이온 농도는 그 양이 아주 작아서 자세히 알아내기가 어렵습니다. 그래서 pH라는 기준을 가져와 간단한 숫자로 용액의 산성도를 나타내게 되었습니다. pH는 알파벳 그대로 '피에이치' 또는 '페하'라고 읽습니다.

pH값은 0부터 14까지로 매겨집니다. 7을 기준으로 7보다 작은 값은 산성, 7보다 큰 값은 염기성을 나타냅니다. pH값이 작을수록, 0에 가까울수록 강한 산성입니다. 반대로 pH값이 클수록, 14에 가까울수록 강한 염기입니다. 기준이 되는 pH 7은 중성으로, 중성의 대표적인 용액은 물입니다. 그렇다면 어떤 상태일 때를 강한 산성, 약한 산성 또는 강한 염기, 약한 염기라고 말할까요?

수소이온은 산성 농도의 기준입니다. 염산처럼 강한 산성은 내놓을 수 있는 수소이온을 거의 전부 용액 속에 내놓습니다. 아세트산과 같은 약한 산성은 수소이온을 약 0.01%밖에 내놓지 않습니다. 염산이나 황산 등은 물에 녹으면 많은 수소이온을 내는 대표적인 강한 산성입니다. 사과, 레몬 등에도 비교적 적은 양이지만 수소이온이 포함되어 있습니다. 일반적으로 수소이온이 포함된 물질은 신맛을 내는 성질이 있습니다.

염기도 산성과 마찬가지입니다. 다만 염기는 산성과 다르게 수산화이온을 내놓습니다. 강한 염기는 대부분의 분자들이 수산화이온을 내놓습니다. 반면에 약한 염기는 아주 일부의 분자들만이 수산화이온을 내놓습니다.

흔히 pH가 1만큼 차이 나면 수소이온 한 개 또는 1%의 차이

고체 상태의 아세트산. 아세트산과 같은 약한 산성은 물속에서 수소이온을 적게 내놓는다.

를 말한다고 생각하기 쉽습니다. pH의 1은 농도의 크기입니다. 따라서 pH 1 차이가 난다는 것은 세기가 열 배만큼 차이 난다는 뜻입니다. 만약 pH가 3만큼 차이 난다고 하면 열 배의 열 배의 열 배라는 뜻으로 천 배 차이를 나타냅니다. 그렇다면 이러한 pH는 어떻게 측정할 수 있을까요?

pH 측정하기

pH를 측정하는 방법에는 지시약법과 전극법이 있습니다. 지시약법은 색을 비교한다는 의미로 비색법이라고도 합니다. 용액에 직접 지시약을 떨어뜨리거나 pH시험지를 이용합니다. 지시약에 대해서는 다음 장에서 따로 자세히 배울 테니, 이번 장에서는 pH시험지에 대해서 알아보겠습니다.

pH시험지는 다양한 지시약을 여과지에 흡수시켜서 만든 종이입니다. 간편하게 pH를 측정하는 데 사용합니다. pH시험지를 검사 용액에 담그면 시험지에 묻어 있는 지시약과 용액이 반응합니다. 이때 용액의 수소이온 농도에 따라 pH시험지의 색깔이 달라집니다. 시험지의

pH별로 색을 나타낸 표준변색표.

색깔이 달라지는 정도를 표준변색표와 비교하면 용액의 pH를 알 수 있습니다.

표준변색표는 pH별로 색을 나타낸 표입니다. 주황색은 pH 3을 나타냅니다. 어떤 용액에 pH시험지를 넣었을 때 주황색으로 변했다면, 이 용액의 pH는 3입니다. 어떤 용액의 경우 색이 뚜렷하게 변하지 않기도 합니다. 또 사람의 눈으로 판단하기 때문에 정확한 pH값과 차이가 있을 수 있습니다. 하지만 누구나 손쉽게 pH시험지를 구할 수 있고, 사용법도 간단하기 때문에 널리 사용되고 있는 방법입니다.

정확한 pH값이 필요한 경우에는 전극법을 사용합니다. 지시약법에서 pH시험지를 사용했다면 전극법에서는 pH측정기를 사용합니다. pH측정기는 유리전극과 비교전극 사이에서 발생하는 전극의 차이를 이용해 pH를 측정하는 기구입니다.

pH측정기를 사용하기 위해서는 사용 전에 몇 시간 동안 물에 담갔다가

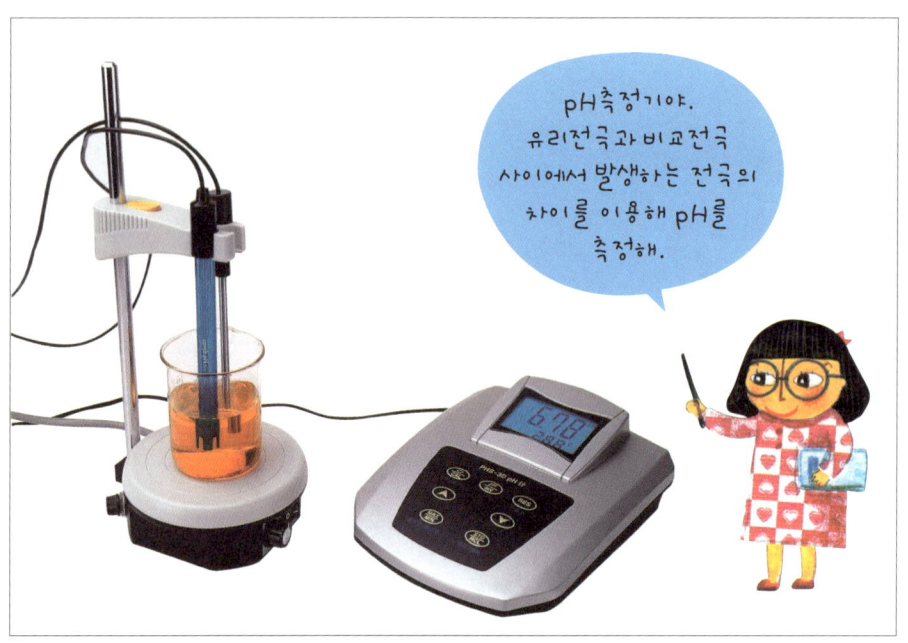

사용해야 합니다. 전원을 켠 다음에는 잠시 기다린 후 부드러운 천으로 전극 부분을 닦습니다. 아주 작은 충격에도 이상이 생길 수 있기 때문에 전극을 다룰 때에는 조심해야 합니다. pH가 몇인지 정확히 알고 있는 용액에 pH측정기를 넣어서 제대로 작동하는지 확인합니다. 그런 다음 pH 수치를 기계에 맞춥니다. 장치 준비는 끝났습니다. pH를 알고 싶은 용액에 pH측정기를 넣으면 됩니다. 수치로 나온 값이 그 용액의 pH가 됩니다. pH측정기는 정확한 값을 알려 주지만 가격이 비싸고, 사용법이 복잡하다는 단점이 있습니다.

리트머스시험지

리트머스시험지는 pH시험지의 한 종류입니다. 지중해 지방의 리트머스라는 이끼에서 얻은 색소를 종이에 물들여 만들었습니다. 리트머스이끼는 영국의 화학자인 보일이 발견했습니다. 보일은 여러 물질들을 가지고 산, 염기를 구분할 수 있는 실험을 했습니다. 그 결과 리트머스를 이용하는 것이 산성과 염기성을 구분하는 데 가장 손쉬운 방법이라는 사실을 알게 되었습니다.

리트머스시험지는 푸른색과 붉은색 두 가지가 있습니다. 푸른색 리트머스는 산과 반응하면 붉게 변합니다. 붉은색 리트머스는 염기와 반응하면 푸르게 변합니다. 푸른색 리트머스는 암모니아수를 넣은 용액으로 만들고, 붉은색 리트머스는 알코올 용액에 염산을 넣어 만듭니다. 리트머스시험지는 다른 지시약에 비해 사용이 간편해 지금도 지시약 중에서 가장 널리 쓰이고 있습니다.

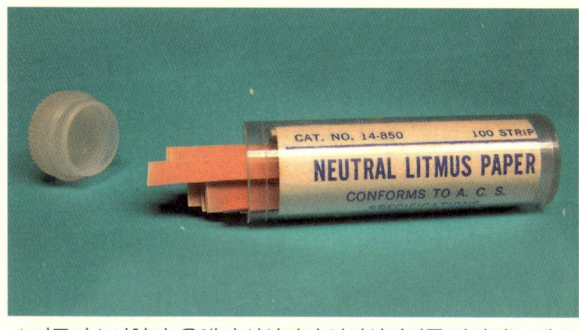

◀ 리트머스시험지. 용액이 산성인지 염기성인지를 알아내는 데 쓰인다.
▶ 리트머스이끼. 리트머스시험지의 원료로, 주로 해안가의 암석에서 자란다.

 # 주변 물질들의 pH값

주변 물질들의 pH값을 알아보겠습니다. 우리 몸속 물질들의 pH부터 살펴볼까요?

위액에서 분비되는 염산의 pH는 1~2 정도입니다. 위는 염산으로 인해 pH 2 정도의 강한 산성을 띱니다. 산이 강해서 음식물이 잘 소화되지 않을 것 같지만 pH가 2일 때 가장 활발하게 소화됩니다.

십이지장에서는 염산을 중화하기 위해 이자액을 분비합니다. 이자액에는 염기성 물질인 탄산수소나트륨이 들어 있습니다. 탄산수소나트륨 덕분에 십이지장의 pH는 약염기를 나타내는 8~9입니다. 십이지장에서 분비되는 소화액의 경우에도 pH 8~9에서만 소화작용을 합니다. 소화가 일어나는 장소와 pH의 조건이 딱 맞아야만 소화가 잘 일어난답니다.

사람의 혈액에는 산과 염기가 모두 들어 있습니다. 따라서 혈액의 pH는 7.4로 중성에 가깝습니다. 혈액 속에 넣는 약물들의 경우에도 pH는 대부분 7.4입니다. 만약 혈액의 pH가 7~7.8 사이 이외의 수치를 나타낸다면 생명은 위험해집니다. 그만큼 우리 몸속의 pH는 적당한 범위를 유지해야만 합니다. 위나 장의 pH가 원래의 범위에서 벗어나면 소화 작용이 일어나지 않아 영양분을 얻을 수 없고, 혈액의 pH도 일정 범위를 유지하지 못하면 생명이 위험할 수 있습니다.

깨끗한 비는 산성일까요, 염기성일까요? 대부분 중성이라고 생각하는 경우가 많습니다. 하지만 아주 깨끗한 비도 약한 산성을 띱니다. 공기 중에 있는 이산화탄소와 만나 산성을 띠기 때문인데, 7보다 약간 더 작은 pH값을 갖습니다. 공기가 오염된 지역에는 이산화탄소뿐 아니라 유해한 다른 물질들이 있습니다. 유해한 성분 중에는 물에 녹아 산성을 띠는 물질이 많기 때문에 오염된 지역에서 내린 빗물에는 산이 많이 녹아 있습니다. 그래서 pH가 7보다 작은 값을 나타내는데, pH 5.6보다 더 작은 값을 나타내는 비를 산성비라고 합니다.

주변 음식들의 pH도 알 수 있습니다. 우리가 자주 마시는 탄산음료의 경우 pH는 3이나 됩니다. 하지만 탄산음료에 들어가는 산은 이산화탄소이기 때문에 화상을 입는 등의 위험은 없습니다. 토마토는 어떨까요? 토

산성도를 나타내는 수소이온 농도 지수(pH)가 5.6 미만인 비를 산성비라고 한다.

마토를 먹으면 약간의 신맛이 느껴집니다. pH는 4입니다. 토마토가 탄산음료에 비해 pH가 1이 더 큰 것으로 보아 산성이 열 배 강하다는 것을 알 수 있습니다. 다른 음식들은 어떨까요? 매우 신맛을 내는 레몬의 경우 pH가 2이고, 귤은 3.4 정도입니다. 우유는 중성일 것 같지만 pH가 6 정도로 약한 산성을 띠고 있습니다. 짠맛이 강한 바닷물의 경우는 pH가 7.8입니다. 주변 물질들의 pH값은 다음 표를 통해 자세히 살펴볼 수 있습니다.

■ 우리 주변 물질들의 pH 정도

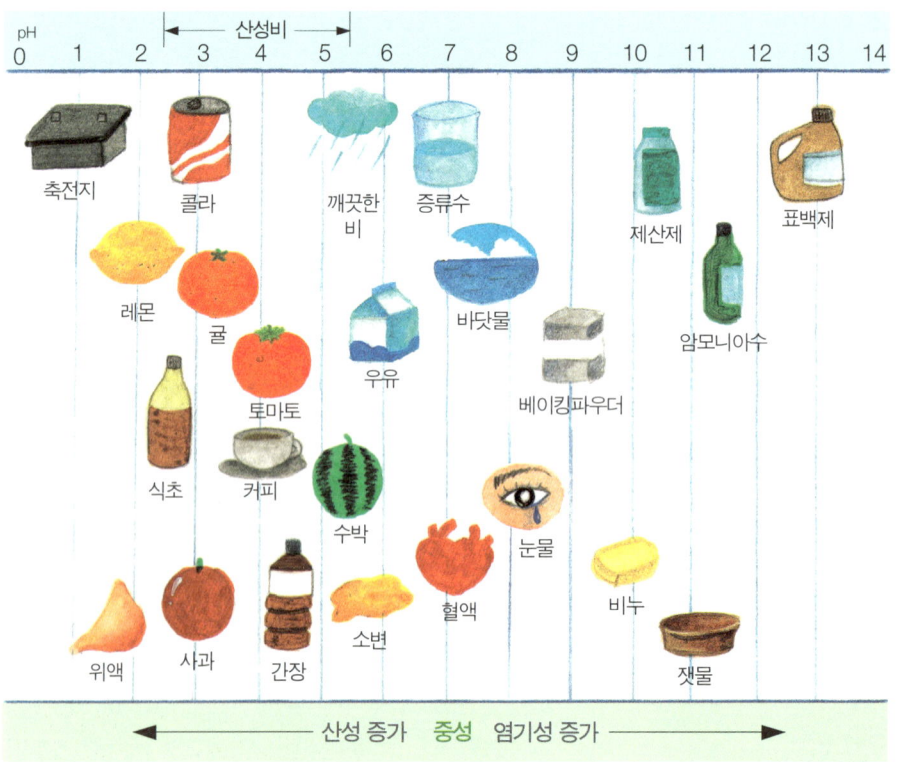

소의 트림이 지구온난화를 일으켜요

대기오염이 심각해지면서 산성비와 지구온난화가 점점 심각해지고 있습니다. 무엇보다 이산화탄소와 같은 온실가스가 증가하면서 발생하는 지구온난화가 가장 큰 문제입니다. 그런데 햄버거를 자주 먹으면 지구온난화를 일으킨다는 사실을 알고 있나요? 햄버거 안에 들어가는 소고기 때문입니다.

햄버거와 소고기의 소비가 늘면서 소를 키우기 위한 장소도 그만큼 많이 필요해졌습니다. 그래서 숲을 태워 목초지를 만들면서 이산화탄소를 흡수하는 숲이 계속해서 사라지고 있습니다. 문제는 또 있습니다. 온실가스는 이산화탄소뿐 아니라 메탄 등을 한꺼번에 일컫는 말입니다. 메탄은 이산화탄소보다 열을 붙드는 능력이 스무 배나 더 커서 심각한 온실가스로 꼽힙니다. 소가 바로 이 메탄을 내보냅니다.

소는 먹이를 삼켜 위에 보관한 다음 하루 종일 되새김질을 하며 천천히 소화시킵니다. 위에서 발효가 일어나며 소화가 되는데, 이 과정에서 메탄이 발생합니다. 소는 트림을 하면서 메탄을 공기 중으로 내뿜습니다. 지구온난화를 일으키는 온실가스 중에서 메탄이 차지하는 비중은 약 15%로, 이 중 5분의 1 정도가 소가 내뿜는 메탄입니다. 사람들이 소를 소비하는 양을 조금만 줄인다면 지구온난화의 위험도 그만큼 줄일 수 있답니다.

보통 소 한 마리는 하루 동안 트림으로 280ℓ의 메탄을 공기 중으로 내보낸다.

문제 1 pH란 무엇일까요?

문제 2 pH값은 0부터 14까지로 매겨집니다. 산성, 염기성, 중성의 경우 pH값은 얼마인가요?

3. 지시약뿐만 아니라 피에이치미터, 용액에 직접 가하거나 담가두거나 pH시험지를 이용합니다. pH시험지는 산성 용액에서 붉은색을 띠고, 염기성 용액에서 푸른색을 나타냅니다. 이때 용액이 수소이온 농도에 따라 변화하는 색깔의 차이점이 있는 시약을 섞어서 만든 것입니다. 시약지의 색깔이 변하는 정도를 표준색상표와 비교하여 따라 pH값의 색깔이 달라집니다.
pH를 알 수 있습니다.

4. 어떤 산성용액 입니다. 수소 중에 있는 이산화탄소의 양이 산성입니다. 따라서 7보다 아직 더 작은 pH값을 갖습니다.

문제 3 pH를 측정하는 방법 중에서 지시약법에 대해 설명해 보세요.

문제 4 깨끗한 비는 산성일까요, 염기성일까요?

정답

1. 붉은 양배추 등의 용액에 녹이면 이용할 내놓습니다. 아레니우스로 수산화이온을 내놓는 물질을 염기라고 하며, 수산화나트륨이 용해되어 나트륨이온과 수산화이온을 내놓습니다. 그래서 pH가 크게 됩니다.

2. 7등 기준으로 7보다 작은 쪽은 산성, 7보다 큰 쪽은 염기성입니다. 기본은 약간 산성이며, 그 pH가 7도 중성입니다.

관련 교과
초등 5학년 2학기 2. 용액의 성질
초등 6학년 1학기 2. 산과 염기

4. 지시약

pH 수치를 이용하면 산성인지 염기성인지 구별할 수 있습니다. 이번 장에서는 pH를 측정하는 방법 중에서 지시약을 이용하는 방법에 대해 알아보겠습니다. 지시약은 산성인지, 염기성인지 어떻게 구별할까요?

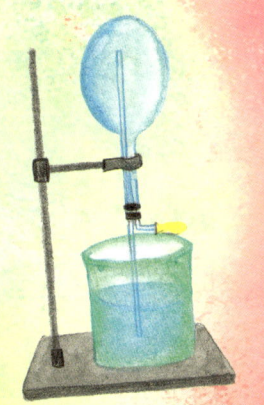
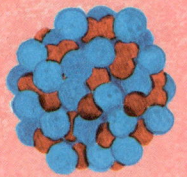

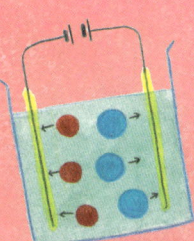

지시약이란 무엇일까요?

지시약은 아주 적은 양을 용액에 넣었을 때 색의 변화를 일으켜 반응 상태를 표시하는 물질입니다. 지시약은 반응에 따라 다양한 종류가 있습니다. 가장 널리 사용되는 지시약은 산·염기지시약으로 중화지시약, 수소이온지시약, pH지시약이라고도 합니다. 산·염기지시약은 산성인지 염기성인지를 알아보는 데 사용됩니다. 또 산과 염기가 중화하는 점인 중화점을 알기 위해 사용되기도 합니다.

산·염기를 알아보는 데 쓰이는 지시약 외에 또 어떤 지시약이 있을까요? 산화 환원이 일어나는 반응에 쓰이는 산화환원지시약, 금속이온 반응에 쓰이는 금속지시약, 침전이 생기는 반응에 쓰이는 흡착지시약이 있습니다. 따라서 반응에 알맞은 지시약을 선택해 사용하는 것이 무엇보다 중요합니다. 이번 장에서는 우리 생활에서 흔히 볼 수 있는 산과 염기를 구별할 수 있는 산·염기지시약에 대해서 알아보겠습니다.

산·염기지시약은 수소이온 농도의 변화, 다르게 말하면 pH 지수에 따라 색깔이 달라집니다. 산성지시약인 페놀프탈레인·BTB 용액과 염기성지시약인 메틸오렌지·메틸레드 용액 등으로 구분됩니다. 만약 산성 용액에 약한 산성의 지시약을 떨어뜨리면 어떨까요? 이미 많은 수소이온이 있는 곳에 수소를 더한 경우가 됩니다. 따라서 지시약에 붙어 있는 수소는 잘 떨어져 나가지 않습니다. 처음 용액에서 수소이온의 농도가 변하지 않기 때문에 용액의 색깔도 변하지 않습니다.

산성 용액에 염기성지시약을 떨어뜨리면 어떨까요? 염기성 용액에 들어 있던 수산화이온들이 산성 용액에 들어 있던 수소이온들과 만나 물이 되면서 수소이온의 개수가 줄어듭니다. 분자 구조가 바뀌었기 때문에 용액의 색도 변합니다. 이처럼 산·염기지시약은 각각의 pH와 지시약에 따라 다른 색을 나타냅니다. 지시약의 색깔이 변하는 범위를 변색범위라고 합니다.

■ **지시약의 변색범위**

지시약(약호)	지시약의 변색범위(pH) 0~14
티몰 블루(TB)	빨강 1.2~2.8 노랑 / 노랑 8.0~9.6 파랑
메틸오렌지(MO)	빨강 3.1~4.4 노랑
메틸레드(MR)	빨강 4.4~6.2 노랑
브롬티몰블루(BTB)	노랑 6.0~7.6 파랑
크레졸레드(CR)	노랑 7.2~8.8 빨강
페놀프탈레인(PP)	무색 8.2~10.0 빨강
알리자린옐로(AY)	노랑 10.1~12.0 보라
리트머스(LM)	빨강 4.5~8.3 파랑

암모니아 분수 실험

산·염기지시약인 페놀프탈레인 용액은 산성과 중성 물질에서는 색깔의 변화가 없지만 염기성 물질에서는 붉은색으로 변합니다. 암모니아 기체는 물에 굉장히 잘 녹고, 물에 녹으면 염기성을 띱니다. 이러한 페놀프탈레인 용액과 암모니아의 성질을 이용해 붉은색 분수를 만들 수 있습니다. 아주 간단하고 재미있는 실험입니다.

페놀프탈레인 용액, 암모니아 기체, 둥근바닥 플라스크, 스탠드, 유리관, 비커, 물, 스포이트를 준비합니다. 둥근바닥 플라스크를 뒤집어 스탠드에 고정하고, 입구 구멍에 유리관을 연결합니다. 그 밑에 물을 담은 비커를 놓은 다음 페놀프탈레인 용액을 서너 방울 떨어뜨립니다. 장치 준비가 끝났으면 둥근바닥 플라스크에 암모니아 기체를 채웁니다. 스포이트로 약간의 물을 플라스크 안으로 넣으면 암모니아가 녹아서 순간적으로 압력이 떨어집니다. 압력을 채우기 위해 비커의 물이 계속 올라가면서 분수가 만들어집니다. 이때 분수의 색깔은 붉은색을 띱니다. 물에는 페놀프탈레인이 섞여 있고, 물에 녹은 암모니아는 염기성으로 페놀프탈레인과 만나면 붉은색으로 변하기 때문입니다.

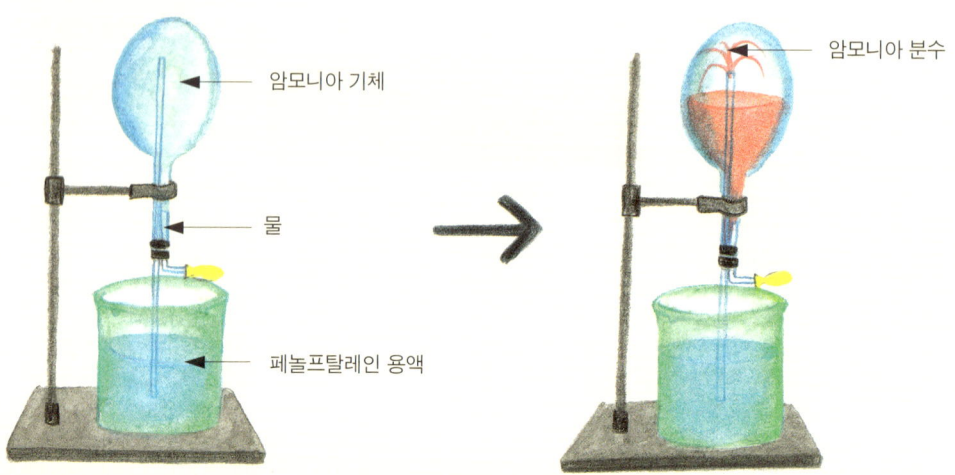

페놀프탈레인 용액이 염기성인 암모니아수를 만나면 붉은색으로 변하는 성질을 이용해 암모니아 분수를 만들 수 있다.

# 지시약의 종류

용액이 산성인지 염기성인지 알아보기 위해 지시약을 사용합니다. 누가 이러한 지시약을 처음 발견했을까요?

지시약을 처음 발견한 사람은 영국의 과학자 로버트 보일입니다. 어쩐지 이름이 익숙하지 않나요? 네, 리트머스시험지에 대해 설명할 때 등장했던 과학자입니다. 그만큼 로버트 보일은 산과 염기를 구별하는 데 있어서 빼놓을 수 없는 인물입니다.

지시약을 발견한 로버트 보일.

보일은 실험실에서 황산이라는 산성 물질을 만드는 실험을 하고 있었습니다. 그러던 중 옆에 있던 제비꽃에서 연기가 나는 모습을 우연히 보게 되었습니다.

보일은 제비꽃에 황산이 묻어 연기가 난다고 생각했습니다. 황산을 씻어 내기 위해 비커에 물을 붓고 제비꽃을 담갔습니다. 잠시 후, 보일은 비커에 담근 제비꽃의 색깔을 보고 깜짝 놀랐습니다. 보라색이었던 제비꽃의 색깔이 빨간색으로 변해 있었습니다. 보일은 다른 산성 용액을 제비꽃에 떨어뜨려 보았습니다. 역시 제비꽃이 빨갛게 변하는 모습을 확인하고는 매우

로버트 보일
Robert Boyle, 1627~1691

영국의 화학자·물리학자입니다. 보일은 온도가 일정할 때 기체의 부피는 압력에 반비례한다는 보일의 법칙을 발표했습니다. 이 법칙으로 근대 화학이 크게 발전하게 되었습니다. 보일은 화학에 실험 방법을 도입하여 실험 자료를 계속 모으는 것이 중요하다고 주장했습니다. 이런 그의 주장 덕분에 근대 화학의 기초가 튼튼히 다져지게 되었습니다.

기뻐했습니다. 어떤 용액이 산인지 아닌지를 곧바로 알 수 있게 되었기 때문입니다.

보일은 제비꽃에서 색소를 추출하여 용액을 분류할 수 있는 지시약을 만들었습니다. 또한 여러 가지 약초, 튤립, 배꽃, 리트머스이끼 등을 이용하여 똑같은 실험을 했습니다. 리트머스시험지 역시 보일이 실험했던 리트머스이끼를 이용하여 만들어진 지시약입니다. 그렇다면 우리도 보일처럼 우리 주변에 있는 물질을 이용해 지시약을 만들 수 없을까요?

우리 주변에서 얻을 수 있는 지시약으로는 자주색 양배추, 수국, 검은콩 등을 우려낸 물이 있습니다. 이 식물들은 산성 용액과 염기성을 만나면 색깔이 변하는 색소를 가지고 있기 때문에 지시약으

왼쪽이 자주색 양배추, 오른쪽이 수국. 모두 지시약으로 사용할 수 있다.

로 사용할 수 있습니다. 무엇보다 구하기 쉬워서 지시약으로 사용하기에 좋습니다.

자주색 양배추의 즙은 자주색입니다. 산성을 만나면 붉은색으로 변하고 염기성을 만나면 녹색으로 변합니다. 수국의 즙은 무색이나 녹색의 빛을 냅니다. 꽃에 따라 약간의 차이가 있지만 산성에서는 붉은색으로 변하고 염기성에서는 파란색으로 변합니다. 검은콩 삶은 물은 검은색입니다. 산성에서는 붉은색으로 변하고 염기성에서는 초록빛이 도는 검은색을 띱니다.

■ 지시약에 따른 색 변화

지시약의 종류 \ 용액의 성질	산성	염기성
자주색 양배추	붉은색	녹색
무색 수국	붉은색	파란색
검은콩	붉은색	초록빛이 도는 검은색

장미가 붉은 이유

자주색 양배추는 산성과 염기성 용액에 따라 색깔이 변하는 색소를 가지고 있기 때문에 지시약으로 사용할 수 있다고 했습니다. 이러한 색소를 안토시안이라고 합니다.

안토시안은 식물의 꽃, 잎, 열매 등의 세포액 속에서 빨강, 파랑, 초록, 자주 등의 빛깔을 나타내는 색소입니다. 장미가 붉은색인 이유도, 단풍이 붉게 물드는 이유도 안토시안 때문입니다. 모든 식물에 안토시안이 들어 있지는 않습니다. 주로 붉은색과 푸른색, 보라색의 꽃에 안토시안이 있습니다. 안토시안이 들어 있는 식물은 pH에 따라 색이 변하기 때문에 지시약으로 사용할 수 있습니다.

안토시안 외에 크산토필, 카로틴이라는 색소도 있습니다. 갈색이나 누런색 등의 노란빛이 도는 꽃에 들어 있습니다. 이 색소들은 산성이나 염기성에서 색이 변하지 않기 때문에 지시약으로 사용할 수 없습니다.

장미가 붉은 이유는 안토시안이라는 색소 때문이다.

# 지시약 직접 만들기

    마트나 시장에 가면 쉽게 구할 수 있는 양배추로 지시약을 만들어 보겠습니다. 먼저 자주색 양배추, 가스레인지, 냄비를 준비합니다. 양배추를 썰 때 사용할 도마와 칼, 양배추를 넣고 끓일 때 넣는 물, 끓이고 난 물을 담을 비커를 준비합니다. 준비물이 다 마련되었으면 양배추 지시약 만들기를 시작하겠습니다.

    양배추를 적당한 크기로 썬 다음 냄비에 넣습니다. 양배추가 잠길 정도로 물을 붓고 약한 불로 끓입니다. 자주색 물이 우러나오면 불을 끄고 비커에 담습니다. 자주색 양배추 지시약이 완성되었습니다.

    자주색 양배추 지시약을 되도록 색이 진하지 않은 용액에 넣습니다. 용액의 색깔이 진하면 지시약의 색과 섞여서 실험의 결과를 정확하게 알 수 없기 때문입니다. 일단 식초, 물, 소다수에 자주색 양배추 지시약을 넣고 관찰합니다. 식초는 약한 산성으로 양배추 지시약이 붉은색으로 변하는 모습을 관찰할 수 있습니다. 물은 중성으로 색의 변화 없이 그대로 자주색입니다. 소다수는 염기성으로 녹색으로 변합니다.

    양배추 외에 포도 껍질로도 지시약을 만들 수 있습니다. 포도 껍질을 냄비에 넣은 다음 물을 붓고 약한 불로 끓입니다. 자주색 물이 우러나오면 양배추 지시약과 같은 방법으로 여러 용액을 준비해 실험하면 됩니다.

■ 양배추 지시약 만들기

　지시약 외에 시험지로 산성인지 염기성인지를 알아볼 수 있습니다. 대표적인 예로 리트머스 용액을 종이에 물들여 만든 리트머스시험지가 있습니다. 리트머스 용액은 구하기가 어려우니, 쉽게 구할 수 있는 재료로 시험지를 만들어 볼까요?

　장미꽃을 이용하겠습니다. 붉은 장미 꽃잎을 따서 비커에 넣습니다. 장미 꽃잎이 잠길 정도로 알코올을 붓고 세 시간 정도 가만히 둡니다. 알코올 색이 붉은색으로 변한 모습을 볼 수 있습니다. 비커에 장미 꽃잎은 두고 용액만 따릅니다. 이 용액에 거름종이를 잠깐 담갔다가 말립니다. 다 마르면 장미꽃 시험지가 완성되었습니다. 장미꽃 시험지는 산성 물질에서는 붉게 변하고, 염기성 물질에서는 푸른색으로 변합니다.

지시약으로 부리는 마술

　지시약으로 신기한 마술을 부릴 수 있습니다. 먼저 흰 종이와 페놀프탈레인 지시약을 준비합니다. 그림 그릴 때 사용하는 붓으로 페놀프탈레인을 물감 삼아 글씨를 씁니다. 쓴 직후에는 글씨 쓴 부분이 젖어 있어서 알아볼 수 있지만 시간이 지나면 페놀프탈레인 용액이 말라 아무것도 쓰여 있지 않은 것처럼 보입니다. 숨어 있는 글씨를 나타나게 하려면 어떻게 해야 할까요?

　페놀프탈레인 용액이 염기성을 만나면 붉은색으로 변하는 성질을 이용합니다. 종이에 세제를 녹인 물이나 암모니아수, 소다수 등의 염기성 용액을 바릅니다. 얼마 지나지 않아 숨어 있던 글씨가 붉은색으로 나타나는 모습을 볼 수 있습니다.

　다른 마술을 배워 보겠습니다. 붉은 장미를 염기성 용액에 담급니다. 붉은 장미는 어떻게 변할까요? 보라색 장미로 변합니다. 이런 현상이 일어난 이유는 붉은 장미에 있는 안토시안이 염기성을 만나 푸른색이 되면서, 원래 가지고 있던 붉은색과 섞여 보라색이 되기 때문입니다.

붉은 장미를 염기성 용액에 담그면 보라색 장미로 변한다.

문제 1 지시약이란 무엇이고, 어떤 종류가 있나요?

문제 2 우리 주변에서 얻을 수 있는 지시약의 종류와 그 지시약들이 산·염기에서 어떻게 변하는지 말해 보세요.

3. 자주색 양배추 삶은 용액에 따라 색깔이 변하는 것을 보고 5가지 색깔을 만듭니다. 이것을 스포이트로 유리컵에 옮겨 담습니다. 순서대로 담으면 여러 색이 섞이지 않고 시험관에 따라 사이다를 부으면 색깔이 변하는 것을 볼 수 있습니다.

4. 페놀프탈레인 용액이 암기성 용액을 만나면 붉은색으로 변하는 성질을 이용합니다. 종이에 색깔을 낸 다음 글을 쓰면 암기성 용액을 붓거나 바릅니다. 암기가 묻지 않았던 부분은 그대로 남아 있어 글씨가 나타납니다.

문제 3 자주색 양배추를 지시약으로 사용할 수 있는 이유는 무엇인가요?

문제 4 친구가 페놀프탈레인 용액으로 비밀 편지를 써서 주었습니다. 편지의 글씨를 보이게 하려면 어떻게 해야 하나요?

정답

1. 지시약은 어떤 용액을 만났을 때 색이 변하는 성질을 이용하여 용액을 분류하는 물질입니다. 산성인지 염기성인지를 알아보는 데 사용되는 시약·염기는 붉은색 리트머스 종이를 푸르게, 산은 푸른색 리트머스 종이를 붉게 변화시키지 만, 수용액의 반응에 따라 색이 변하지 않는 용액도 중성지시약이 있습니다.

2. 자주색 양배추, 수국, 검은콩 등을 우려내면 붉은색 안토시아닌 성분이 들어 있습니다. 자주색 양배추는 산성용액을 만나면 그 용액의 색깔이 붉은색, 자주색, 푸른색 등으로 변합니다. 수국의 꽃잎 등을 산성용액을 만나면 붉은색으로 변합니다. 검은콩은 사성용액과 염기성용액을 만나면 각기 다른 색깔로 변합니다.

관련 교과
초등 5학년 2학기 5. 용액의 반응

5. 중화반응

산과 염기가 반응하면 어떻게 될까요? 산도 아니고 염기성도 아닌 새로운 물질과 물이 생깁니다. 이러한 반응을 중화반응이라고 합니다. 이번 장에서는 중화반응이란 무엇이고, 일상생활에서는 어떻게 이용되는지 알아보겠습니다.

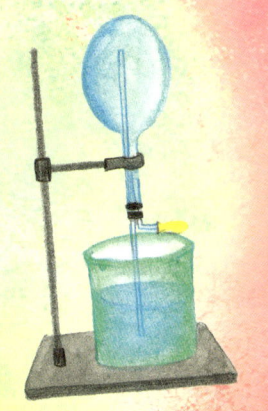
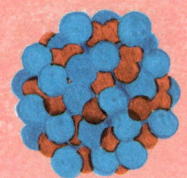

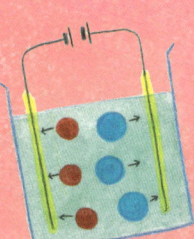

중화반응이란 무엇일까요?

산과 염기는 떨어져 있을 때에는 각각 다른 성질을 가지고 있습니다. 산과 염기가 서로 만나면 어떨까요? 자신의 성질을 잃어버립니다. 이때 일어나는 반응을 중화반응이라고 합니다. 중화반응으로 산도 아니고 중성도 아닌 새로운 물질과 물이 생깁니다. 산의 수소이온과 염기의 수산화이온이 만나 물이 되고, 그 외의 이온들이 만나 새로운 물질을 만듭니다. 실험을 통해 살펴볼까요?

■ 중화반응

묽은 염산에는 수소이온과 염화이온이 있고, 묽은 수산화나트륨에는 수산화이온과 나트륨이온이 있습니다. 묽은 염산과 묽은 수산화나트륨을 섞어 보겠습니다. 수소이온과 수산화이온이 만나 물을 만듭니다. 남은 두 물질인 염화이온과 나트륨이온은 염화나트륨(소금)이라는 새로운 물질을 만듭니다. 이처럼 중화반응에서 새롭게 만들어지는 물질을 다른 말로 '염'이라고 합니다. 이제부터는 염기 대신 염이라는 용어를 사용할 테니 기억해 두세요. 염화나트륨은 물에 잘 녹기 때문에 바로 이온이 되어 녹습니다.

수소이온과 수산화이온이 만나 물을 만드는 이온처럼 실제 반응에 참여하는 이온을 '알짜이온'이라고 합니다. 이와 달리 염화이온과 나트륨이온처럼 반응에 참여하지 않고 처음 이온 상태 그대로를 유지하는 이온을 알짜이온의 반응을 지켜본다고 해서 '구경꾼이온'이라고 합니다.

묽은 염산과 묽은 수산화나트륨 반응에서 알 수 있듯이 수소이온의 수와 수산화이온의 수를 맞춰 반응을 시키면 반응 후에 중성 용액이 됩니다. 만약 둘 중 한쪽의 이온 수가 더 많아서 반응이 끝나고 난 뒤에 수소이온이 남으면 산성, 수산화이온이 남으면 염기성이 됩니다. 예를 들어 황산과 수산화나트륨을 반응시켜 중화반응을 일으키려고 합니다. 황산은 분자 한 개가 물에 녹아 수소이온 두 개를 내놓고, 수산화나트륨은 분자 한 개가 물에 녹아 수산화이온 한 개를 내놓습니다. 두 용액의 양을 똑같이 해서 섞으면 황산의 수소이온이 더 많기 때문에 반응 후에는 산성 용액이 됩니다. 황산과 수산화나트륨을 중화하기 위해서는 수산화나트륨의 분자 양을 두 배 많게 해야 합니다. 이렇듯 저마다 내놓는 이온의 개수가 다양하기 때문에 중성 용액을 만드는 일은 꽤 어렵습니다.

용액의 색이 변한 이유

산·염기지시약 중에 티몰프탈레인이 있습니다. 이 지시약은 강한 염기성에서는 푸른색을 나타내고, 염기성의 세기가 점점 약해지면 푸른색에서 무색으로 변합니다. 이러한 티몰프탈레인의 성질은 신기한 현상을 일으킵니다.

수산화나트륨 수용액에 티몰프탈레인을 몇 방울 떨어뜨렸습니다. 푸른색으로 변한 것으로 보아 분명 염기성 용액입니다. 푸른색으로 변한 용액을 그대로 탁자 위에 올려놓았습니다. 한참 시간이 흐른 뒤에 봤더니 용액의 색깔이 무색으로 바뀌었습니다. 어떻게 이런 현상이 일어났을까요?

앞에서 배웠던 내용을 떠올려 볼까요? 수산화나트륨은 공기 중의 수증기를 흡수하는 성질이 있다고 했습니다. 뿐만 아니라 이산화탄소를 흡수하는 성질도 있습니다. 따라서 수산화나트륨 수용액에 공기 중에 있던 이산화탄소가 녹는 현상이 일어납니다. 이산화탄소는 용액에 녹으면 탄산이 됩니다. 탄산인 산성 물질이 물속의 수산화나트륨과 반응하면서 중화가 일어납니다. 때문에 수산화나트륨 수용액이 처음에 가지고 있던 염기성의 성질은 사라지면서 푸른색이었던 용액은 점점 무색이 됩니다.

수산화나트륨은 이산화탄소를 흡수하는 성질이 있고 물에 잘 녹는다.

중화점을 찾는 방법

황산과 수산화나트륨의 양을 똑같이 섞으면 중화반응이 진행됩니다. 수산화나트륨의 분자 양을 두 배 더 넣어야만 염과 물이 생기면서 비로소 중화반응이 끝납니다. 이처럼 중화반응에서 모든 수소이온과 수산화이온이 남김없이 반응하는 때를 중화점이라고 합니다. 중화점을 찾는 방법에는 아래의 세 가지 방법이 주로 사용됩니다.

지시약을 이용하는 방법

중화하려고 하는 산이나 염기에 지시약을 몇 방울 떨어뜨립니다. 그런 다음 산을 띠면 염기를, 염기를 띠면 산을 떨어뜨리면서 색깔 변화를 관찰합니다. 지시약은 산 또는 염기의 성질을 가지고 있기 때문에 실험 결과에 영향을 줄 수 있습니다. 그래서 지시약을 사용할 때에는 항상 적은 양을 넣어야 합니다.

BTB 용액을 이용해 중화점을 찾아보겠습니다. BTB 용액은 브롬티몰블루(bromthymol blue)라

BTB 용액은 산성에서 노란색, 중성에서 녹색, 염기성에서 파란색을 나타낸다.

는 가루를 에탄올에 녹여 만든 물질입니다. BTB 용액의 색이 변하는 범위는 pH 6.0에서 7.6입니다. pH가 6.0보다 낮을 때에는 산성으로, 노란색을 나타내고, pH가 7.6보다 높을 때에는 염기성으로 파란색을 나타냅니다. pH 6.0과 7.6 사이인 경우에는 녹색을 나타냅니다. 그렇다면 어떤 색으로 변했을 때를 중성이라고 할 수 있을까요? 중성은 pH가 7 정도이므로 녹색일 때 중성이라고 할 수 있습니다.

산성 물질인 묽은 염산에 BTB 용액을 몇 방울 떨어뜨립니다. 묽은 염산의 색은 어떻게 변할까요? 네, 노란색으로 변합니다. 노란색으로 변한 용액에 묽은 수산화나트륨을 조금씩 넣다가 녹색으로 변하면 그만 넣습니다. 녹색으로 변하는 순간이 바로 중화점입니다.

BTB 용액 외에 중화점을 찾을 수 있는 다른 지시약으로는 페놀프탈레인 용액이 있습니다. 페놀프탈레인 용액은 산성, 중성, 염기성 물질에 따라 색깔이 모두 변하는 BTB 용액과는 다릅니다. 산성과 중성 물질에서는 무색이고, 염기성 물질에서만 선명한 붉은색으로 변합니다. 따라서 BTB 용액과는 다른 순서로 실험해야만 중화점을 찾을 수 있습니다.

염기성 물질인 묽은 수산화나트륨에 페놀프탈레인 용액을 넣습니다. 묽은 수산화나트륨은 선명한 붉은색으로 변합니다. 여기에 묽은 염산을 조금씩 넣다 보면 어느 순간 무색이 됩니다. 무색이 되는 순간이 바로 중화점입니다.

페놀프탈레인 용액은 염기성 용액을 산성 용액으로 중화할 때, 정확한 중화점을 확인하기 위해 사용한다.

중화열을 측정하는 방법

중화반응은 수소이온과 수산화이온이 만나서 물과 염이 생깁니다. 물과 염 외에도 생기는 것이 있습니다. 바로 열입니다. 산의 수소이온과 염기의 수산화이온이 결합하여 물이 만들어질 때 발생하는 열로, 이를 중화열이라고 합니다. 중화열이 발생하는 이유는 수소이온과 수산화이온이 갖는 에너지가 물이 갖는 에너지보다 크기 때문입니다.

중화열을 이용하면 중화점을 찾을 수 있습니다. 중화열은 반응에 참여하는 분자의 수가 많아질수록 커지기 때문에 중화반응이 시작되어 끝날 때까지 온도는 점점 올라갑니다. 하지만 중화가 끝나면 온도는 차츰 내려갑니다. 따라서 온도는 중화점에서 가장 높습니다. 반응하는 동안 온도를 재어 온도가 가장 높을 때를 찾으면 중화점을 찾을 수 있습니다.

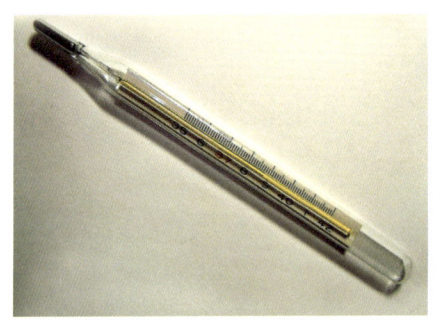
가장 온도가 높을 때가 중화점이다.

전류의 세기를 측정하는 방법

산과 염기는 물에 녹아 이온을 내놓으면서 전류를 통하게 합니다. 이온의 수가 많으면 전류가 세게 흐르고, 이온의 수가 적으면 전류가 약하게 흐릅니다. 이러한 사실을 이용해 중화점을 찾을 수 있습니다.

묽은 수산화나트륨에는 수산화이온과 나트륨이온이 녹아 있습니다. 강한 염기성이기 때문에 많은 이온들이 녹아 있습니다. 여기에 묽은 염산을 넣으면 어떻게 될까요? 강한 산성인 묽은 염산에는 많은 수의 수소이온과 염화이온이 녹아 있습니다. 따라서 묽은 수산화나트륨과 묽은 염산을 섞으면 이온이 많아질 것이라고 생각하기 쉽습니다. 하지만 두 용액을 섞으면 수소이온과 수산화이온이 결합되어 물이 되고, 나트륨이온과 염화이온만 남습니다. 용액 속의 이온의 개수가 처음보다 감소하므로 용액을 통과하는 전류의 세기는 가장 약합니다. 따라서 반응하는 동안 전류가 가장 약한 때가 중화점입니다.

BTB 용액

BTB 용액은 중화점을 찾는데도 이용되지만 용액 속에 이산화탄소가 있는지 없는지를 판정하는 데에도 많이 이용됩니다.

BTB 용액은 중성일 때 녹색을 띱니다. 그런데 이 용액에 계속 입김을 불어넣으면 산성 상태인 노란색을 띠게 됩니다. 날숨에는 이산화탄소가 포함되어 있는데, 이산화탄소가 용액 속에 녹아 산성인 탄산을 만들기 때문입니다.

BTB 용액을 이용해 광합성 반응이 진행되었는지도 알아볼 수 있습니다. 녹색인 BTB 용액에 입김을 불어넣어 세 개의 시험관에 나누어 담습니다. A 시험관에는 물풀을 넣습니다. B 시험관에는 물풀을 넣고 은박지로 쌉니다. C 시험관은 그대로 둡니다. 세 개의 시험관에 빛을 쬔 후 색깔의 변화를 살펴보면, A 시험관의 경우 용액의 색이 파란색으로 변합니다. 그 이유는 물풀이 광합성 반응을 진행하느라 이산화탄소를 흡수해 염기성 용액이 되었기 때문입니다. B 시험관의 경우 용액의 색이 노란색으로 변합니다. 왜냐하면 은박지로 빛을 차단했기 때문에 물풀이 광합성을 못하고 호흡만 했기 때문입니다. 이 과정에서 이산화탄소가 발생하여 산성 용액이 되었습니다. C 시험관의 경우 그대로 두었기 때문에 아무런 색의 변화가 없습니다. 이처럼 광합성 반응이 진행되었는지 아닌지에 따라 용액의 산성도가 변합니다. 따라서 BTB 용액을 지시약으로 사용하면 식물의 광합성 여부를 판단할 수 있습니다.

중화열

중화반응을 할 때 열이 발생한다고 했습니다. 이렇듯 열이 발생하는 화학변화를 발열반응이라고 합니다. 발열반응은 반응한 물질들의 에너지가 생성된 물질들의 에너지보다 더 커서 그 차이만큼의 에너지가 외부로 방출되는 반응입니다. 따라서 중화반응은 발열반응의 한 종류라고 할 수 있습니다.

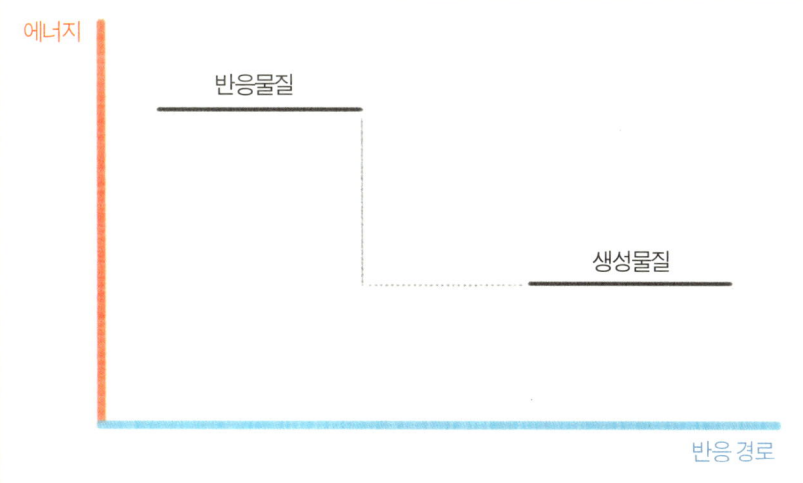

■ 발열반응에 따른 에너지 변화

우리 주변의 화학변화는 대부분 발열반응입니다. 연소 반응, 산화 반응, 중화반응 등은 발열반응입니다. 반대로 반응할 때 열을 흡수하는 현상은 그다지 많지 않은데, 물의 전기분해나 질소와 산소가 화합하여 산화질소가 되는 경우는 흡열반응입니다.

일상생활에서의 중화반응

위산으로 속이 쓰릴 때에는 제산제를 먹습니다

중화반응의 원리는 일상생활에서도 많이 이용됩니다. 다음의 경우를 들 수 있습니다.

소화기관인 위에서는 소화를 돕기 위해 위산이 들어 있는 위액을 만듭니다. 위산의 주성분은 염산으로, 위 안에서 살균 작용을 돕습니다. 그런데 몸의 이상으로 위산이 너무 많이 만들어지면 위벽이 헐게 됩니다. 위가 쓰리고 아픈 증상이 나타나는데, 이런 경우 제산제를 먹습니다.

제산제는 위산이 너무 많아 생기는 병인 위산과다증, 위궤양 등을 치료하는 약입니다. 위산을 적게 나오게 하거나 위산을 중화하여 증상을 낫게 해 줍니다. 제산제의 주성분은 염기성 물질로 탄산칼슘, 수산화알루미늄, 수산화마그네슘, 탄산마그네슘, 규산마그네슘, 인산수소칼륨 등이 주로 쓰입니다. 이 성분들은 모두 위산 속의 염

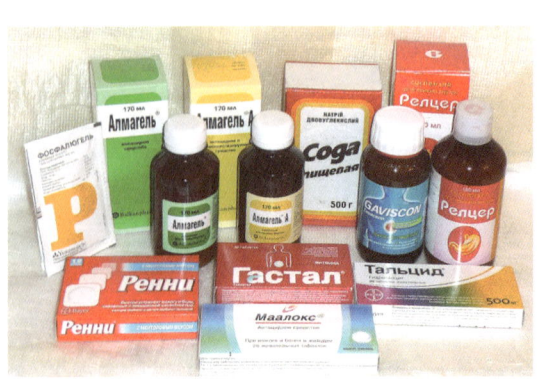

위산을 중화하여 위가 쓰리고 아픈 증상을 낫게 해 주는 제산제. 제산제는 보통 염기성 물질로 구성되어 있다.

산을 중화하는 일을 합니다. 하지만 제산제는 위액을 중성(pH 7)이 되도록 하지는 않습니다. 만약 위액이 중성이 되면 위는 소화할 수 있는 능력이 없어집니다. 따라서 제산제는 지나치게 많은 산을 줄여 위의 적절한 pH를 유지시키는 일을 합니다.

무슨 약이든 그렇지만 제산제를 너무 많이 먹으면 부작용이 생깁니다. 다른 성분에 비해 마그네슘이 많이 들어간 제산제는 설사를 일으키고, 다른 성분에 비해 칼슘이 많이 들어간 제산제를 많이 먹은 경우에는 변비를 일으킵니다. 위액 때문에 자주 소화가 안 되거나 통증이 있으면 병원에 가야 합니다.

생선의 비린내를 없애기 위해 레몬을 사용합니다

생선은 시간이 지날수록 냄새가 심해집니다. 트라이메틸아민이라는 염기 성분 때문으로, 생선에 있는 단백질 성분이 열이나 산소에 의해 부패되면서 생기는 물질입니다. 우리가 흔히 말하는 비린내가 트라이메틸아민의 냄새입니다.

생선의 비린내를 없애기 위해서는 레몬을 사용하면 됩니다. 레몬에 있는 산 성분이 트라이메틸아민의 염기 성분과 만나 중화반응을 일으켜 비린내가 사라집니다. 레몬이 없을 때에는 묽

생선에 레몬즙을 뿌리면 레몬즙의 산 성분이 염기 성분인 비린내와 중화되어 비린내가 사라진다.

은 식초를 뿌려도 같은 효과를 볼 수 있습니다. 생선 조리에 사용했던 칼과 도마 등을 묽은 식초로 닦고 세제로 씻어 내면 훨씬 쉽게 비린내가 없어지는 것도 같은 이유입니다.

벌에 쏘이거나 개미에게 물렸을 때 암모니아수를 바릅니다

사람이 벌에 쏘이거나 개미에게 물리면 빨갛게 부어오르면서 쓰리고 아픕니다. 포름산이라고 하는 산성 물질 때문인데, 개미에게 있는 산이라고 해서 개미산이라고 합니다. 따라서 벌에 쏘이거나 개미에게 물린 경우에는 염기 성분인 암모니아수를 바르면 됩니다. 포름산을 중화하기 때문에 쓰리고 아픈 증상이 사라집니다. 암모니아수 대신에 탄산수소나트륨 가루를 물과 약간 섞어 상처에 발라도 증상이 사라집니다.

포름산

개미산으로도 알려져 있습니다. 개미나 벌 등의 몸속에 들어 있으며 자극적 냄새가 납니다. 무색의 액체로, 피부에 닿으면 물집이 생깁니다.

사람은 개미에게 물리면 물집이 생기거나 부어오르는 정도이지만 작은 곤충들은 개미에게 물리면 목숨을 잃습니다. 개미의 독에 들어 있는 산 성분 때문입니다. 하지만 딱따구리에게는 개미의 독이 아무 힘도 발휘하지 못합니다. 왜 그럴까요?

딱따구리는 개미와 같은 곤충을 잡아먹어 단백질을 보충합니다. 딱따구리의 공격을 받은 개미는 어김없이 개미산을 내뿜습니다. 개미의 독을 맞은 딱따구리는 아

벌의 독은 산성이므로 약한 염기성인 암모니아수를 발라 벌의 독을 중화한다.

딱따구리와 개미. 딱따구리의 침은 염기성이어서 산성인 개미의 독을 중화해 개미를 잡아먹는다.

무렇지도 않게 개미를 잡아먹습니다. 딱따구리의 침에는 염기 성분이 녹아 있어서 산 성분인 개미의 독을 중화하기 때문입니다.

일상생활에서 다양하게 이용되는 중화반응

농약을 너무 많이 사용하거나 산성비가 내리면 토양이 점점 산성으로 변합니다. 산성으로 변한 토양에서는 식물이 제대로 자랄 수 없습니다. 그래서 농부들은 염기성 물질인 석회 가루를 뿌려 토양을 중화시킵니다.

비누는 염기성 물질로 단백질을 잘 녹입니다. 그래서 비누로 머리를 감으면 단백질 성분이 녹아 머리카락이 뻣뻣하고 잘 엉킵니다. 이런 경우 식초를 몇 방울 떨어뜨린 물에 머리를 헹구면 머리카락이 중화되어 부드러워집니다.

쓰레기통이나 싱크대에서 나쁜 냄새가 날 때가 있습니다. 시큼하게 코를 찌르는 나쁜 냄새는 대부분 산 성분 때문입니다. 나쁜 냄새를 없애는 데는 베이킹파우더를 사용합니다. 베이킹파우더는 빵이나 과자의 반죽을 부풀리는 데 쓰는 가루로, 주성분이 탄산수소나트륨입니다. 염기 성분인 탄산수소나트륨으로 쓰레기통이나 싱크대를 닦으면 산 성분인 나쁜 냄새와 중화반응을 일으켜 나쁜 냄새가 말끔히 사라집니다.

 김치가 너무 시어서 먹을 수 없을 때에도 중화반응을 이용합니다. 김치는 산 성분인 젖산균 때문에 시간이 지날수록 시큼해집니다. 이런 경우 조개와 달걀 껍데기를 깨끗하게 씻어 김치에 넣으면 됩니다. 조개와 달걀 껍데기의 주성분은 탄산칼슘입니다. 염기 성분인 탄산칼슘이 젖산과 만나 중화반응을 일으켜 김치의 신맛이 없어지거나 훨씬 덜하게 됩니다. 조개와 달걀 껍데기는 김치 맛을 변화시키지 않고 신맛만 사라지게 하기 때문에 효과적입니다. 이처럼 중화반응은 일상생활에서 다양하게 이용됩니다.

김치의 신맛은 염기 성분인 조개와 달걀 껍데기를 사용해 없앨 수 있다.

중화반응을 이용해 만드는 간장

간장을 만드는 방법에는 전통적인 방법과 전통적인 방법을 보다 편리하게 바꾼 방법이 있습니다. 먼저 전통적인 방법을 살펴볼까요? 콩을 쑤어 속까지 마르고 잘 뜬 메주를 자연 발효시킵니다. 소금물에 메주와 숯, 붉은 고추를 같이 담가 한두 달 숙성시킵니다. 메주에서 단백질이 빠져나오면서 간장이 만들어집니다.

전통적인 방법으로 간장을 만들면 시간이 오래 걸리고 많이 만들기가 어렵습니다. 따라서 빠른 시간 안에 많은 양을 만들어야 하는 공장에서는 중화반응을 이용해 간장을 만듭니다. 기름기를 뺀 콩이나 밀가루 등 단백질이 들어 있는 재료에 염산을 사용하여 단백질이 녹아 나오게 합니다. 단백질 녹은 물에 염기성 물질인 수산화나트륨을 넣어 중화하면 산성과 염기성 화합물인 아미노산이 만들어집니다. 여기에 소금과 첨가물을 넣으면 간장이 완성됩니다. 이러한 간장을 아미노산 간장이라고 합니다. 빨리 만들 수 있다는 장점이 있는 대신에 아미노산이 산의 의해 분해되면서 나쁜 냄새가 난다는 단점이 있습니다. 그래서 누룩이나 향기를 내는 물질을 넣어 나쁜 냄새를 없애 줍니다.

아미노산 간장은 염산을 사용해 단백질을 분해한 다음 수산화나트륨으로 중화하여 만드는 간장이다.

문제 1 중화반응이란 무엇인가요?

문제 2 중화점을 찾는 세 가지 방법을 말해 보세요.

3. 산성이온 속의 재지지제를 넣습니다. 생상의 미묘리를 통해 중화점을 사용합니다. 둘째, 산과 염기에 때 온도가 올라갑니다. 상상으로 온도에 변화가 사라졌나 때 기름을 넘깁니다.

문제 3 중화반응이 일상생활에서 이용되는 예를 세 가지만 말해 보세요.

우리나라 어린이·청소년들의 제2의 교과서!
앗! 시리즈 드디어 150권 완간!

놀라운 〈앗! 시리즈〉의 세계

아… 〈앗! 시리즈〉 150권 갖고 싶다!

1999년부터 시작된 〈앗! 시리즈〉의 신화가 2011년 드디어 완성되었다.
즐기면서 공부하라, 〈앗! 시리즈〉가 있다!
과학·수학·역사·사회·문화·예술·스포츠를 넘나드는 방대한 지식!
깊이 있는 교양과 재미있는 유머, 기발한 에피소드까지, 선생님도 한눈에 반해 버렸다!
교과서를 뛰어넘고 싶거든 〈앗! 시리즈〉를 펼쳐라!

1 수학이 수군수군
2 물리가 물렁물렁
3 화학이 화끈화끈
4 수학이 또 수군수군
5 우주가 우왕좌왕
6 구석구석 인체 탐험
7 식물이 시끌시끌
8 벌레가 벌렁벌렁
9 동물이 꿍얼꿍얼
10 바다가 바글바글
11 화산이 왈칵왈칵
12 소리가 속닥속닥
13 진화가 진짜진짜
14 꼬르륵 뱃속여행
15 두뇌가 뒤죽박죽
16 번들번들 빛나리
17 감動이 꾸물꾸물
18 전기가 찌릿찌릿
19 과학자는 괴로워
20 수학이 자꾸 수군수군 ⑤제곱
21 공룡이 용용 죽겠지
22 수학이 자꾸 수군수군 ⑥분수
23 잘병이 지끈지끈
24 컴퓨터가 키득키득
25 폭풍이 푸하푸하
26 사막이 바싹바싹
27 수학이 자꾸 수군수군 ③속셈
28 지진이 우르릉쾅
29 높은 산이 아찔아찔
30 파고 파헤치는 고고학
31 시간이 시시각각
32 유전이 요리조리
33 오락가락 카오스
34 김폭같은 가상 현실
35 불herhöllen이 불쑥불쑥
36 번쩍번쩍 빛 실험실
37 무르팡팡 냄새 실험실
38 울퉁불퉁 감각 실험실
39 지구가 지글지글
40 생물이 생긋생긋
41 수학이 순식간에
42 원자력이 으시으시
43 우주를 향해 날아라
44 높고도는 물질의 변화
45 전기 없이는 못 살아
46 지구를 구하는 환경지킴이
47 우리 조상은 원숭이인가요
48 놀이공원에 숨어 있는 과학
49 빛과 UFO
50 자석은 마술쟁이
51 이왕이면 이집트
52 그럴씨한 그리스
53 모든 길은 로마로
54 혁명이 후끈후끈
55 아슬아슬 아스텍
56 바이바이 바이킹
57 켈트족이 꿈틀꿈틀
58 들썩들썩 석기시대
59 잉카가 이크이크
60 사랑해요 삼국시대
61 하늘빛 한국신화
62 고려가 고마워요
63 새록새록 성경이야기
64 고뇌디의 그리스신화
65 새콤달콤 셰익스피어 이야기
66 뜨끔뜨끔 동화 뜯어보기
67 아찔아찔 아서왕 전설
68 아른아른 아일랜드 전설
69 부들부들 바이킹 신화
70 카랑카랑 카이사르
71 불끈불끈 나폴레옹
72 자동차가 부릉부릉
73 환경이 욱신욱신
74 방송이 신동방송
75 동물의 수난시대
76 연극이 희희낙락
77 비행기가 비틀비틀
78 영화가 알쏭달쏭
79 세상에 이런 법이!
80 건축이 건들건들
81 패션이 필링밀링
82 미술이 수리수리
83 구박구박 클래식
84 팝무직이 기타둥등
85 울퉁불퉁 올림픽
86 와글와글 월드컵
87 야구가 야단법석
88 영차영차 영국축구
89 만화가 마냥마냥
90 쌩씽 인라인 스케이팅
91 사이클이 사이사이
92 스르륵 스케이트보드
93 축구가 으쌱쌱
94 탱글탱글 테니스
95 굴러 굴러굴러
96 믿지못해 미스터리
97 뻔덴이니 외계인
98 종교가 중얼중얼
99 길이길이 기억해
100 별별일앞는 별자리여행
101 오싹오싹 무서운 독
102 예나지가 불끈불끈
103 태양계가 타격타격
104 튼튼탄탄 내 몸 관리
105 똑딱똑딱 시간 여행
106 미생물이 미끌미끌
107 이상야릇 수익 세계
108 대수와 방정식은 방정식
109 도형이 도리도리
110 섬뜩섬뜩 삼각법
111 용감무쌍 탐험가들
112 빙글빙글 비행의 역사
113 알쏭달쏭 스도쿠
114 길몽질몽 가루로
115 일생달밤 헬렌케러
116 노발대발 이생동물
117 좋아해요 조선시대
118 호우가 넘실넘실
119 오들오들 남극북극
120 온갖 섬이 들썩들썩
121 야심만만 알렉산더
122 별난 작가 별별 작품
123 꿍꿍쾅쾅 제1차 세계 대전
124 쾅쾅탕탕 제2차 세계 대전
125 우글우글 열대우림
126 충통무진 시간우편
127 스릴만점 모험가들
128 위풍당당 엘리자베스 1세
129 와글와글 별별 지식
130 와글와글 별별 동식물
131 어둑컴컴 중세 시대
132 위엄가득 빅토리아 여왕
133 대담무쌍 윈스턴 처칠
134 번쩍번쩍 발명가들
135 뜨끈뜨끈 지구 온난화
136 기세등등 헨리 8세
137 비밀의 왕 투탕카멘
138 별별생각 과학자들
139 생각번쩍 아인슈타인
140 해안이 꾸불꾸불
141 수학이 자꾸 수군수군 ⑥속정
142 수학 공식이 꼬물꼬물
143 상식이 두루두루
144 영문법이 술술술
145 최강 여왕 클레오파트라
146 수학이 꿈틀꿈틀
147 만능 천재 레오나르도 다 빈치
148 과학 천재 아이작 뉴턴
149 끔찍한 역사 퀴즈
150 소름 돋는 과학 퀴즈

닉 아놀드 외 글 | 토니 드 솔스 외 그림 | 이충호 외 옮김 | 각권 5,900원

★ 1999 문화관광부 권장도서
★ 1999 한국경제신문 도서 부문 소비자 대상
★ 2000 국민, 경향, 세계, 파이낸셜 뉴스 선정 '올해의 히트 상품'
★ 2000 문화일보 선정 '올해의 으뜸 상품'
★ 간행물윤리위원회 선정 청소년 권장도서
★ 서울시교육청 중등 추천도서23권 선정
★ 소년조선일보 권장도서 · 중앙일보 권장도서
★ 볼로냐 청소년 과학도서상 수상
★ TES(The Times Educational Supplement)상 청소년 교양 부문 수상

아직도 〈앗! 시리즈〉를 모르는 사람은 없겠지?

알았어, 이제 〈앗! 시리즈〉 읽으면 되잖아!

주니어김영사   www.gimmyoungjr.com | 어린이들의 책놀이터 cafe.naver.com / gimmyoungjr | 031-955-3139